U0597034

著 李子涓

董卿

做一个会说话的女子

百花洲文艺出版社
BAIHUAZHOU LITERATURE AND ART PRESS

图书在版编目（CIP）数据

董卿：做一个会说话的女子 / 李子涓著．— 南昌：
百花洲文艺出版社，2019.5（2020.5重印）
　ISBN 978-7-5500-3243-9

　Ⅰ．①董… Ⅱ．①李… Ⅲ．①语言艺术—通俗读物
Ⅳ．① H019-49

中国版本图书馆 CIP 数据核字（2019）第 072719 号

董卿：做一个会说话的女子

李子涓　著

策划编辑　许鸿琴
责任编辑　袁　蓉
特约监制　郑英祖
封面设计　仙　境
封面插画　123RF
出版发行　百花洲文艺出版社
社　　址　南昌市红谷滩新区世贸路 898 号博能中心 A 座 20 楼
邮　　编　330038
经　　销　全国新华书店
印　　刷　香河利华文化发展有限公司
开　　本　700mm×1000mm 1/16
印　　张　18
版　　次　2019 年 7 月第 1 版　2020 年 5 月第 3 次印刷
字　　数　220 千字
书　　号　ISBN 978-7-5500-3243-9
定　　价　39.80 元

邮购联系 0791-86895108
网址 http://www.bhzwy.com
图书若有印装错误，影响阅读，可向承印厂联系调换。

前
言

簌簌流年，齿序悲欢，被校对的时光里，总有太多的波涛起伏、澎湃辗转。

每一个人，都是一个彩色的原点，人生种种经历、酸甜苦辣、离合喜怒，都是原点中延伸出来的线，长短不同，斑斓交杂，最后，链接出一幅又一幅迥然相异的生命图景。

原点如何，谁都无法选择，但人生的结局如何，却全靠自己来掌控。

或许，不是每一个人都实现了自己的光芒万丈，但所有光芒万丈的人却常常有一个共同的特质——会说话。

从某种程度上来说，人生其实就是说出来的。舌尖上不仅有美味，还有"言值"，有事业、有幸福、有人脉、有婚姻、有亲情、有爱情、有友情、有悲欢。

会说话的女人，无论走到哪里，总能把自己拗成一片无缺的圆满，唇角微扬间，便能以言语将世界惊艳，譬如，董卿。

董卿是央视当家花旦，当之无愧的一姐，端雅中常萦着几分知性的气质，大方优容，言值闪耀。

读董卿，就仿佛在读一本最经典、最生动的言值教材，每一章、每一页、每一句、每一字都精辟独到、犹若珠玑，令人受益匪浅。

美丽总有期限，言值却从不屈从于岁月。毕业于上海戏剧学院，在舞台上熠熠近三十年的董卿说起话来总是很有范儿。

这种范儿，源自她的满腹诗书，源自她的人生阅历，源自她的学识修养，源自她不同一般的生命阔度，也源自一些无伤大雅的"美人心计"。

她懂得一成不变的容颜即便再明艳，终有一日，也会被人厌烦，所以，她愿意多给自己的言值"上妆"：涂上甜蜜的"唇彩"，描出比喻的"眼影"，眸底沉淀着"积累"，额中点一颗贴心的"美人痣"，颊畔再涂两片创新的"腮红"，不浓不淡，却最是动人。

她懂得最恰当的表达才是最美的表达，所以，她说的每一句都活色生香。

小小的称呼，蕴藏着大大的学问，轻轻的一声"谢谢"，软软的一声赞美，不知不觉间，便激出了一片动人；巧笑倩兮间的自嘲，风趣温润里的解语，更仿佛是一束融融的光，折射出了她最多姿的模样。

仔细读董卿，你会发现，她的语言从不华丽张扬，但生活化的沟通却仍被她弯出了一片诗意与远方。

她轻言浅笑，温温柔柔，愿意示弱，也善于示弱，即便语出有倾城，却还执着地将自己定格在"配角"的位置上，默默地聆听，巧妙地"抛砖"，无声中编织着一派岁月静好。

她是一个温柔的女性，懂得将心比心，会照顾别人的感受，即便是不得不拒绝，也会留下一条善意的门缝；她的情商常年在线，温温醇醇的话语里，总带着几分浓得化不开的暖意。

然而，即使这般温柔娴雅，仿佛脱胎于江南水墨的她，眉眼间，却也藏着最铿锵、最坚定的一面。

她的软语呢喃里，折射出的是不卑不亢的从容，危机当前，能镇定从容；恶意扑面，亦能不慌不忙。那种有底线、有本心、有锋芒，又有风度的坚守，格外动人心魄。

她懂什么该说，什么不该说，话要怎么说，知分寸，识进退，自重亦重人，不乱开玩笑、不言谈无忌、不心直口快、不咄咄逼人……

美人如书，书香袅袅，隽永绵长；素手执流萤，纤纤其华，长歌岁月，唇齿留芳，若一书真能一世界，那么，何妨多翻一翻，看一看，和笔者一起，走进董卿，走进她的世界，一起去邂逅一下那传说中的言如玉呢？

目录

第一章　多才巧思，让你的话更有范儿

第二章　爆表的"言值"，不一样的表达方式

第三章　话中见方圆，卿人复卿城

第四章　慧心解语，幽默润无声

第五章　共语共情，温暖人心的力量

第六章　睿语昂然，一派从容惊风雨

第七章　不卑不亢的优雅，你当温柔且有力量

第八章　懂分寸，知进退，方是女人最美的话术

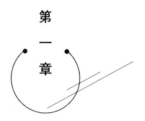

多才巧思，让你的话更有范儿

腹有诗书"语"自华

《春秋》中有云："人之所以为人者，言也。"

言无止境，雅俗随心，说话是一门广博的学问，要学好，终非一日一时之功，亦非一技一器可成。言如沙砾，唯有千百次的打磨，才能蜕凡化彩，变成莹润晶洁的珍珠。

不同的人，打磨语言的方式自然不同，然而，毫无疑问的是，读书，永远都是其中最便捷、最有效，也最能持之以恒的那一条。

腹有诗书"语"自华，古今皆然。不信？看看董卿！

董卿爱读书，读书成痴，众所周知。

一次，董卿接受采访，主持人问她："若你只能带三件物品到荒岛上去求存，你会带什么？"董卿脱口而出的第一个答案就是"书"。对她而言，爱书、读书早成了生命的本能。

董卿是什么时候爱上书的呢？她自己大概也说不清。或许，是父亲板着脸告诉她，"马铃薯再打扮也是土豆，每天花在照镜子上的时间还不如多看些书"的时候；又或许是母亲把一张张列好的书单递给她的时候。

哪怕初时多少有些不愿，但真的沉浸书海后，她却着了迷，从此，一迷数十年，一发不可收拾。现在哪怕再忙，她每天都要抽出时间来看看书，否则，心中就有些不安定。

她说："不读书就像没有吃饱饭一样，精神上是饥饿的。"

为了满足自己饕餮一般的"精神"，董卿读了很多很多书，涉猎极是广泛，虽说不上博古通今，却也是学富五车。她读书的时候，眉眼间总凝聚着一种认真的气质，即便是再匆忙，她也不曾一目十行，看到精彩处，还会做些摘录，写些读书笔记。在她的社交账号、微博空间、论坛里，我们常能看到她分享的摘抄，不多，却句句经典。

读一本书，难吗？很简单！难的，其实是坚持。真正能数十年如一日坚持阅读的有几人？寥寥可数！而董卿，正是其中之一。

"我始终坚信，读过的书不会白读。它总会在未来日子的某个场合帮助我表现得更出色。"董卿如是说。事实上，世界的确是公平的，所有的努力与付出都会得到回报，而书也给了董卿丰厚的回报。

《中国诗词大会》第二季中，一位深爱诗词、多年阅读不倦的父亲深深触动了董卿，节目现场，她即兴以阿根廷著名盲人巨匠博尔赫斯的诗相赠："上天给了我浩瀚的书海和一双看不见的眼睛，即便如此，我依然暗暗设想，天堂应该是图书馆的模样。"

主持《朗读者》节目时，她也频频爆出金句，譬如："从某种意义上来看，世间一切，都是遇见。就像，冷遇见暖，就有了雨；春遇见冬，有了岁月；天遇见地，有了永恒；人遇见人，有了生命。"

真正会说话的人永远都是有大格局、大器量、大学问、大胸襟的人。

山不在高，有仙则名；水不在深，有龙则灵。说话亦如是，好的口才，好的表达，从不在华丽度，而在其深度与广度。

飞机的发明者莱特兄弟旅经欧洲的时候，应邀参加一场名流晚宴。

宴会上，衣香鬓影，高朋满座，不少人微笑着恭维兄弟俩，还有人鼓动兄弟俩发表一下演讲。

彼时，莱特兄弟发明的飞机刚刚在美国试飞成功。

盛情难却，大莱特在众人的簇拥下拿起了话筒，然而，他并没有长篇大论，也没有述说发明过程的种种艰辛，反而，只说了一句话："据我所知，鸟类中会说话的只有鹦鹉，而鹦鹉是飞不高的。"

此话一出，立即赢得满堂喝彩。

大莱特的言简意赅、话蕴哲理，源自他丰富饱满的人生经历以及常人难以望其项背的人生高度。

换言之，经历多了，站得高了，看得远了，人的见地、格局、认识自然就不一样。

格局起自眼界，眼界源自认知，人生的经历无法复制，时光也不可能陡然加速，但那藏在岁月转角的一卷卷书籍却能为我们补足这些短板与缺陷。

行万里路或许不是所有人都有条件去做，但读万卷书却是所有人都能做到的，前提只有一个，那就是坚持。而且，书读得多了，眼界开阔了，格局提升了，见闻增广了，看尽了人生百态，经历了世态炎凉，懂得了人心莫测，看多了"痴傻愚顽"，情商自然而然便提高了，做起事、说起话来自然也便有条不紊、掷地有声。

所谓"语自华"，指的从不是言语的华丽，而是言语的深度、广度、高度与亮度。

有的地方，我们从不曾去过，或许，今生也不可能去，却能从书籍中饱览它的妩媚与壮丽；有的人，我们从来都不曾接触过，或许，也永远不可能去接触，却能从书籍中与其隔空相见并对话；有的事情，有的情绪，我们或许一生都不会也没有条件去经历，但从书籍中却能深入体验千百回……

总而言之，腹有诗书"语"自华。读书，多读书，读好书，只要坚持，无论遇到谁，不拘什么场合，我们都能有话可说，亦能言之有物。

平常话也可以说得很优雅

一千个人笔下，有一千种颜色；一万个人口中，有一万种生活。柴米油盐酱醋茶的琐碎平凡可以用远方的诗意来定格，琴棋书画诗酒花的婉蓄博雅可以用田畔的炊烟来袅娜。习惯把生活诗意化的人，追求华丽、出彩、高大上的表达，而习惯了把诗意生活化的人，则更乐意把优雅融入"俗气"满满的平常话里。

一次做访谈节目，谈及"金钱"与"孝道"，董卿没有引经据典论述孝文化，而只说了句："你再有钱却不懂得孝顺父母，别人照样瞧不起你。"

很直白、很生活的话，甚至在某些吹毛求疵的"文化人"看来，这话说得"有些没水平""太朴实"。

而如此"没水平"的话，董卿其实说过很多次。譬如，她说："父母再坏，生你养你，永远开着大门等你归来，要尽孝。"她说："感情再固，折腾多了，也容易出现裂缝。"她还说："人再傻，世界这么大，最傻还轮不到你，别放在心上，下次不犯就是了。"

以言可见人，某种程度上来说，我们说的话，折射的便是我们的修养、态度、性格、人生、读过的书、走过的路、深藏的灵魂。所以，很多人在与人沟通时，都潜意识地想要把话说得更好听、更动听、更有范儿、更上档次一些，以免被人看轻。

然而，所谓"范儿"从不是华丽辞藻的堆砌，更不是非要弄一些"专业术语""哲人哲理"来充门面的"高大上"。能展现一位厨师厨艺水平的不是工序繁复的佛跳墙，而是最简单的水煮白菜；能体现一个人说话水平的也不是"之乎者也""天文地理"的旁征博引，而是口头语，是我们每天都在说的平常话、家常话。

吴越王钱缪寄家书给回家归省的妻，不曾诉深情，也没有表相思，而是娓娓地话起了家常，其中，有一句"陌上花开，可缓缓归矣"。这话，在当时，就是口头语、大白话，但岁月流岚，这句"白话"却成了最美的"情话"。

说话的目的是为了表达思想感情、为了沟通，而不是为了炫文采。

平常话，有的时候的确"很土""很俗"，但是却洋溢着浓浓的人情味，你我本俗人，为什么不能说"俗话"呢？更何况，平常话并不代表"粗俗"，平常话同样可以很优雅地说。

会说话的女子

曾经火爆整个网络的情歌《两只蝴蝶》，歌词其实也很平常："亲爱的，你慢慢飞，小心前面带刺的玫瑰。亲爱的，你张张嘴，风中花香会让你沉醉。亲爱的你跟我飞，穿过丛林去看小溪水……"

这歌，乍听，很是浅白朴素，但细细琢磨，朴素寻常的话里却别有一番风情。

所谓雅俗，所谓高下，不过只是一种外在的观感，阳春白雪固然好，但有的时候，下里巴人代表的才是生活最真实的模样。多读两本书，多模仿模仿，谁都能做到咬文嚼字，但是，要把平常的话说到位、说到家、说得优雅有味道，却是极考验人的语言功底的。

无论是主持《朗读者》《中国诗词大会》，还是主持"青歌赛"、春晚、《欢乐中国行》，董卿说话，多数时候都是深入浅出的。她没讲过什么大道理，和嘉宾、选手交流的时候更乐于用聊天、拉家常、讲故事的形式。被感动时，她会落泪，会说："勇敢的人，不是不落泪的人，而是含着泪水继续奔跑的人。"谈到声音，她很自然地感慨："声音啊，虽然是用来听的，但是一注入感情，就变得有分量。"面对被辛劳染白了鬓发的男人，她很暖心地说："您比我大，我就叫您一声'大哥'。"

有些话，其实并不需要怎么加工，原汁原味最好；有些话，稍稍调整转换，便能活色生香。

大拙若巧，大巧若拙，腹中藏着诗书、胸中含着器量，积累到了、历练到了，最平常的语言亦能自带芬芳。

所谓会说话、有水平，并不是好听再好听，而是你来我往的互动，是你知我知的共鸣，是话里话外的投契，是把复杂的话简单地说，普通的话动人地说，家常的话温暖地说，言传心声，言随情动，如是，纵便是最常见、最普通、最"土"、最"俗"的话，亦能发酵出一派优雅从容。

创新的表达更胜妙语连珠

何谓新？不是对旧的否定，不是对古的抗拒，而是用一种与众不同的、独树一帜的语言对思想、情感、故事、人物等进行再次叙述与表达。

人人都说，"白得像云朵，蓝得像天空，绿得像草地"，你也这样说，别人听着会不会觉得听多了有些腻烦？相反，若你打破常规，说，"白得像床前的明月，蓝得像你的眸光，绿得像青春的衣裳"，或者说，"白得像伊人翩跹的裙角，蓝得像多瑙河的波光，绿得像蓬勃的向往"，是不是更能让人记住，更吸引人？

央视有一档户外大型综艺节目，名为《欢乐中国行》，由董卿、张蕾共同主持。

2009 年 4 月，董卿带着《欢乐中国行》走进湖城鄱阳，谈起鄱阳的"湖"文化时，她没有老生常谈，也没按部就班，而是说了这样一番别开生面的话，她说："'湖'字拆开来看，是由水、古、月三个字组成的，我觉得这就很好地概括了我们鄱阳的精神特质：'水'代表着鄱阳的湖文化，'古'指鄱阳有着悠久的历史，而'月'象征着纯洁与美好。"

话落，台下掌声雷动。

董卿能"出新"，能"创新"，源于她的不断自我更新。饱读诗书、历经世情、与时俱进、洞察敏锐、了解生活亦能感悟生活。社会这本大百科教给了她许多许多。

丰富的阅历，厚重的积淀，大气的格局，良好的教养，对人、对事、对世界独到而深刻的认知，都是她"创新"的资本。

懂得生活、洞明生活、能将生活融贯，自然也便更容易从生活中寻得灵感。

所谓妙语佳言，有的时候，或许真的是偶然得之，但是这种"偶然"的背后却总隐藏着一种底蕴厚重、水到渠成的必然。

钱锺书先生的爱人、著名翻译大师杨绛在谈及读书时，曾有过一段很生活化，也很新颖的论述：

"读书好比串门儿——'隐身'的串门。要参见钦佩的老师或拜谒有名的学者时，不必事先打招呼求见，也不怕搅扰主人。翻开书面就闯进大门，翻过几页就升堂入室。而且可以经常去，时刻去，如果不得要领，还可以不辞而别，或者干脆另找高明，和他对质。"

独到的见地，与众不同的表达，引得无数人瞩目，时至今日，还有不少人为之拍案称奇、赞叹不已。

　　每一份阅历，每一份积累，都是一件衣裳。底蕴深厚、才华横溢的女人总能为不同的场合裁量出不同的衣裳，即便是最生硬、最古老的话题，也能被说得新颖而时尚。张爱玲把爱情具象成了别开生面的"朱砂痣"与"白月光"；林徽因俏皮地把挑花土布形容成"苗族姑娘的裤脚"；陆小曼用"蓝色是天空的疾病"来把忧伤张扬。

　　只不过，现实生活中，有太多年轻的脸庞，还没来得及用沧桑来把生命悠扬，他们或者我们，因为各种各样的原因，积淀还远远不够。如此这般情况下，转换下思维的角度，另辟蹊径，以一种与众不同、令人眼前一亮的新奇方式来求新，其实也蛮好。

　　国内某知名广告公司应聘现场，郭甜甜正满面笑容作着自我介绍：

　　"面试官，您好。今天，我很荣幸，能为贵公司推荐一款新产品。该产品为中国制造，长 165 厘米，重 48 千克，1995 年出厂，使用年龄 24 年，采用高级人工智能，3 个月前刚刚在伦敦传媒学院完成深度加工，保质保量，接受试用，试用不合格可无条件退换。现在，这款产品需要一个自我展现的机会。"说着，她站起身来，递上了自己的简历资料，"这是产品使用说明，请您阅读。"

　　听到这样的自我介绍，面试官忍俊不禁，很认真地阅读了郭甜甜的简历资料，当场就拍板录用了她。理由是，她的创新意识与能力正是公司所需要的。

罗马只有一个，通向罗马的道路却有千千万万条。而在人际交往中，顺畅有效的沟通就是唯一的"罗马"，创新的表达则是通达罗马的终南捷径。毕竟，与众不同本就意味着更多的注目。

言语上的创新，归根到底，还是对生活、对世界、对周围一切的一种更独到、更新奇的认知，它根源于生活，倚赖最多的还是实力与积累，而非盲目的标新立异。所以，如果硬实力还不够，请慢慢地积累，别急于求新；如果已经有些感悟，有些积淀，有些认知，那不妨多出口成"新"几次，说不定，就能收获一份满满的惊喜。毕竟，喜"新"厌"旧"是历史与人的天性，无可厚非。

巧妙的比喻，让语言更生动形象

世间从没有哪一种美好不需要妆点，也没有哪一段岁月不需要盛颜，精致的人生需要无数的烘托陪衬，精致的语言亦需诸多的添锦之花，譬如典故、譬如名言、譬如哲思、又譬如比喻。

连续八年荣膺"央视十佳主持人"的董卿，一向对比喻情有独钟。

谈到阅读，她说："不读书就像吃不饱饭，精神是饥饿的。"

论及赴美深造前后，事业与人生的起起落落，她说："任何事情都好像是一个抛物线，慢慢上升到顶尖之后又慢慢回落。"

闲话勇气，她说："勇气是逆境当中绽放的光芒。"

说起心灵，她说："人的心灵应当如浩渺瀚海，只有不断接纳希望、勇气、力量的百川，才可能风华长存。"

谈及《朗读者》的诞生、成长、成熟的苦乐酸甜、滴滴点点，她说："我曾经以为《朗读者》可能是一个很孤独的孩子，会在黑暗中行走，但没想到，一出家门就看到了满天星光，照亮了我们的路。"

巧妙的比喻，是拨动涟涟清波的桨，不仅动摇了刻板，让言语形象生动，更能赋予语言一种趣味与灵性，让人更易理解与接受。

夏敏是个理科生，专业学的是数学，大学毕业后，做了一名初中数学老师。

和其他按部就班，一板一眼讲公式、讲理论的老师不同，夏敏巧用比喻，将枯燥的数学知识和生活中常见的、形象的事物联系起来，把课讲得精彩异常。

讲分数时，她告诉学生："分母像父亲，分子像女儿，分数就是父亲背着女儿。"

讲方程运算时，她说："列方程就是给'x'穿鞋子，解方程就是给'x'脱鞋子。"

讲互质数时，她生动地比喻："互质的两个数，就像是两个完全陌生的人，最大公因子就是一，最大公倍数则是两个数的乘积。"

日常生活中，交往的人千千万，谈论的话题万万千，总有些话题会很枯燥、很深奥、很抽象、很冗长、很烦琐、很乱套，若是原搬照样，不做计较，枯燥的话枯燥地说，深奥的话题深奥地聊，那么，过不了五分钟，对方不是昏昏欲睡就是无精打采，甚至，你们之间的话题将再也无法继续。这个时候，巧妙地使用比喻，给言语化化妆，收到的效果绝对很不一样。

三毛恋了、爱了，一天天，一年年，无时无刻。荷西走时，她这样写自己的思念："每想你一次，天上飘落一粒沙，从此形成了撒哈拉。每想你一次，天上就掉下一滴水，于是形成了太平洋。"于是，绵绵的看不见的思念瞬间便被量化与形象化了。这样的表达，不仅清晰，而且生动，比起平铺直叙的"我想你""我很想你""我非常想你"，自然高下立判。

比喻就仿佛一座桥，连接了抽象与形象、深奥与浅显、繁复与简洁、枯燥与生动，说话时巧用比喻，能让话语更加生动、形象，同时，还能有效增强表达的效果，应景的时候，化腐朽为神奇，也不是不可能。

然而，说到底，比喻终归还是对言语的一种装饰，就像是发间的蝴蝶结、衣领上的胸针、戒指上的宝石，得用对地方，得用得应时应景，得用得巧妙，而不能毫无选择、毫无顾忌地滥用，否则，反而会弄巧成拙、不伦不类，轻则造成尴尬，严重了还会得罪人。

黎越和水心是同事，相处得也很融洽。九月，黎越结婚，也邀请了水心参加。

婚礼互动环节，大家都笑着起哄，要新郎、新娘讲讲两个人的恋爱史，黎越一脸甜蜜地回忆了几段两人相处的往事，还说："我们的相遇是一次偶然，我感谢这次偶然，或许，一切的一切，冥冥之中已经注定，我遇到了他，他遇到了我，在那一刻，就像……"

说到这里，黎越微微顿了一下，似乎有些卡壳，不知道该怎么继续了。

这时，站在黎越身边的水心小声提醒："就像瞎猫碰到了死耗子，老鼠碰到了最喜欢的大米。"

水心倒是没什么坏心眼，只想帮黎越解围，只是这比喻用得实在是不恰当，现场一片尴尬，最后，还是司仪出面缓和了气氛。

事后，水心也反应过来，自己说错话了，满心懊悔地想要补救，所以，在新郎、新娘过来敬酒的时候，她真诚地道了歉，并化用李煜"问君能有几多愁，恰似一江春水向东流"的词送上了自己的祝福："黎姐，祝你和姐夫的爱情就像春江水，滚滚东流……"

水心的话还没说完，黎越的脸就青了。

说不好话不可怕，最可怕的是，说不好还乱说；不擅长用比喻，可以不用，不然，反而会贻笑大方。

会说话的女人，都善于用比喻妆点出语言的亮色，收获形象与生动，而且，这种"善于"，并不是天赋，可以移栽，可以复制，复制的方法也有很多。最有效的是多积累、多摘抄、多学习，同时，敏于观察、注意契合。比喻的时候要做到合乎人与物的特点，合乎情境，合乎彼此之间的关系。比如，比喻山，可以用"如眉黛"，比喻连绵群山山脊上的红色小屋，可以用"眉梢上的一点朱砂痣"，贴切而形象。

越积累，你的语言就越闪耀

董卿是著名节目主持人，央视一姐，主持过《朗读者》《中国诗词大会》《魅力12》等多档文娱节目，是央视的实力和言值担当，知性、优雅、婉约、闪耀。

"'一带一路'国际合作高峰论坛"上，董卿以西天取经来喻张骞出使，慨言"文化沟通永远可以让千里相隔变成心灵上的零距离"，赢得场上场下一片赞誉；

电视采访节目上，谈及《朗读者》一路走来的种种，她深情寄语："我永远都没有长大，但我永远都没有停止长大。"一句话诉了艰辛，道了繁华，亦表了希冀、说了未来；

《朗读者》第一期节目，受到嘉宾美好爱情的感染，她情不自禁，脱口赠言："我们相爱一生，还是太短。"

《中国诗词大会》上，她即兴诵了一首叶赛宁的《我记得》，鼓励场上选手。

…………

诸如此类让人眼前一亮的片段，在董卿的主持生涯中俯拾皆是。她出色的语言表达能力也让人忍不住由衷地敬佩与艳羡。似乎，对她而言，将名言警句、诗词歌赋、轶闻典故等运用得恰到好处只是一件极平常的小事，一如吃饭喝水，自然而然，毫不费力。

很多人都好奇她是怎么做到的。

提词器？临时抱佛脚？视频剪辑？那样从容优雅的应对，那样流畅知性的谈吐，显然不可能是一朝一夕可以成就的。

事实上，在被问及这个问题时，董卿也坦言："越是积累，你的语言就越闪耀。"所谓信手拈来的从容，不过是平时日积月累的自然报偿。

董卿出身书香之家，父母皆毕业于复旦大学，也皆爱书成痴，耳濡目染之下，儿时的董卿便也成了小书痴。

从小学时代开始，她就喜欢抄成语、抄古诗，没事的时候，总拿着自己的诗词小卡片默默地诵读；寒暑假的时候，更是一头扎进书山，三五天就能读一本名著，《茶花女》《基度山伯爵》等书，她初中时就已经烂熟于胸；上了大学，参加了工作，她依旧日日手不释卷，睡觉前读一个小时的书已成了她深入骨髓的本能。

从爱情著作中，她学会了长相知、莫相弃；从国学著作中，她学会了古典与知性；从励志著作中，她学会了在被劫持的生活中书写从容；从哲学著作中，她学会了思索与感悟；……

书中自有黄金屋，书中自有颜如玉，一书一世界，一纸一繁华，不同的书就如不同的人，娓娓低语中，诉尽了人生种种。

读的书多了，见的"世面"多了，不会因为不知、不识、不懂而无言以对，相反，正因为"见识"过，懂得过，心里有底，不慌不忙，自然能妙语如珠、侃侃而谈，甚至滔滔不绝亦不惹人厌烦。

从1994年入职浙江电视台，到2002年转奔央视，再到主持春晚、主持《朗读者》、成为央视一姐，二十余载岁月中，董卿经历过太多的大浪淘沙，之所以能屹立至今，原因无他，不过是厚积薄发。

十年磨一剑的坚持，日日不辍的阅读与积累，成就了她的"言值"，亦成就了她永远的光芒闪耀。

时光从来不会辜负一个人的隐忍和努力，哪怕它许不了我们一个"梦想成真"，亦会还我们一份"无心插柳柳成荫"，差别不过是早晚。初出道时，董卿同样默默无闻，比她学历高、颜值高的主持人不知凡几，然而最后，却是她脱颖而出。为什么？因为，她的容颜里妆点着博学，她的言语中沉淀了涵养，她的眉眼中更藏满了她读过的书，走过的路，见过的事，爱过的人，经历过的种种。

所谓"工欲善其事，必先利其器"，大抵不外如是。

胸无点墨自然无话可说，胸无成竹如何能够下笔成神。阅读、积累、日复一日对知识的汲取，才是董卿"言值爆表"的最大底气！同样，阅读、积累亦是诸多有为之士成就一生的最大底气。

古希腊著名演说家狄摩西尼斯，为了让演讲更流畅，曾亲笔抄写修西迪斯的历史著作达八次之多；著名演说家福克斯为了让自己的演讲更完美，每日都高声朗诵莎士比亚的著作；英国桂冠诗人丹尼生每天研究《圣经》；大文豪托尔斯泰把《新约福音》读了一遍又一遍，最后可以长篇背诵……

没有人能随随便便成功，每一个成功的人背后都有属于自己的苦辣酸甜；每一点闪耀背后都隐藏着经年的千锤万凿。古人说："不积跬步，无以至千里，不积小流，无以成江海。"良言真如玉。

越是积累，你越闪耀，不独闪耀在语言，亦闪耀在气质、在器量、在涵养、在为人处世。

丰富的肢体语言展现迷人魅力

人间过往不知味，琐碎的生活，琐碎的歌，一路行来，总有一些剪裁自岁月的光影，绰绰约约，于无声处予人以最纯粹、最深沉的感动。

2017 年 9 月 1 日，《开学第一课》准时开播，已经 96 岁高龄的著名翻译大师许渊冲先生应邀来到节目现场。

老人很健谈，数十年风雨倥偬、多磨的生活、丰富的人生经历让他说起话来谆谆如玉、妙趣横生。作为节目主持人的董卿则半跪在老人身边，微微仰视着老人，脸上带着崇敬，偶尔提问两句，话很少，大多数时候，她都在静静地倾听。然而，无论场内场外，却没有任何人能忽视她的光芒。"半跪"在那里的她，无形之中，已经发出了最美的声。

大象无形，大巧不工，大音希声，所有会说话的女人，如傅莹、如杨澜、如朱丹，都是从无声处见有声，以肢体语言来传情达意的高手，其中，董卿尤甚。

事实上，董卿已经不是第一次以"半跪"的形式采访了。2013 年，公安部春晚，董卿以跪姿采访了坐在轮椅上的"最美警察"李博亚；《朗读者》节目现场，她半跪着与身有残疾的嘉宾谈笑嫣然。

水低为海，人低为王，跪，并不会让她显得卑微，相反，跪这一肢体语言，以一种最普通、最平凡，也最深刻的方式传达了她的善意、她的修养、她的知性，同时也成就了她独一无二的优雅。

熟悉董卿的人都知道，她有一个怎么改都改不掉的习惯：无论是在工作中，还是生活中，只要与人交谈，董卿的眼睛总会不经意间与人对视，听人说话的时候，身体会不自觉地微微前倾。

这样的动作，是长年累月的自然养成，不刻意，不做作，所以才最夺目。

一位不愿透露姓名的央视员工回忆说，有一次，董卿现场录节目的时候，下意识地又做出了身体前倾的动作，后台的摄影师十分焦急，举牌子让她坐回去，摆正姿势，回到原来的位置。因为只有那个位置，灯光效果最好，拍出来的人最美。

董卿却没有照做，事后，摄影师有些恨铁不成钢地埋怨她，她却笑着说："没什么，不用拍得那么好看。"

真正的美丽不是拍出来的，女人最美的也从不是容颜，而是气质，是风度，是一言一行间折射出的美好品格。

心理学研究表明：信息的传递 =7% 的言语 +38% 的语音 +55% 的表情。

总有些东西"只可意会，不可言传"，总有些话，我们不知道该怎么说，或者不方便说，彼时，用肢体语言来进行表达，不仅相对比较直观，而且简单便捷、灵活自由。

眼睛、双手、腿、手肘、眉毛、头等在交际交往中都能充当肢体语言的媒介，肢体语言运用得好也总能收到意想不到的效果，而这其中，最有效、最常见也最神奇的肢体语言便是微笑。

女人的微笑是半开的花，里面洋溢着诗与画；所有巧笑情兮的温婉背后，总隐藏着难以言喻的眉眼芬芳。

默多克新闻集团旗下的"星空卫视"有一档体育类明星访谈节目，名为《桑兰2008》，主持人桑兰原本是全国跳马冠军，却因训练时意外摔伤高位截瘫，从此告别体坛。

生命的前17年，桑兰的世界只有一个支点，那就是体操。突然当了主持人，要说她有多专业，那肯定是自欺欺人，事实上，第一次做访谈节目的时候，她甚至比应邀而来的嘉宾刘翔还要紧张，大脑一片空白，不知道问什么，也不知道该怎么问，没办法，只好"傻笑"。

而恰恰是这份纯粹的微笑，感染了刘翔，感染了观众，也感染了全世界。

甜美的笑，优雅的笑，调皮的笑，轻松的笑，酣畅淋漓的笑，不同的微笑，洋溢着不同的情感与力量。同样的，千奇百怪的肢体语言也在不经意间为我们传达了太多的心绪与信息，比如：身体前倾代表关注或者感兴趣，抬头挺胸代表自信，目光闪烁代表心虚、不真诚，摇头代表不赞同，咬嘴唇代表紧张，皱眉表示不满，拍肩膀代表友好、鼓励，挠头表示疑惑，等等。

了解了肢体语言的妙处，读懂它，并举一反三，在恰当的时候巧妙地运用它，沟通于你我，自然再也不是难题。

当然，必须要说明的是，眼神、手势、动作等肢体语言在某些时候或许真的能带来十分惊艳的效果，但它绝不是万能的，也不是百用百灵的。如果不分场合地乱用肢体语言，或者太过频繁地使用肢体语言，那么，很抱歉，在别人眼中，你看上去很可能就像滑稽戏里手舞足蹈的小丑一样滑稽。

言及此处，很多人大概会问，说了这么多，到底应该怎么运用肢体语言呢？

说实话，不同性格、不同场合、不同情境下，同样的肢体语言表达的思绪、情感，起到的效果其实是不同的，肢体语言本身就是一种行为心理学，所以，真的没什么万灵丹，不过，还是有些小窍门可以通用的，比如：

1.与人交谈的时候，凝视别人的眼睛，但是，不要凝视太久，时间长了，会让人觉得不舒服。

2.不停地搓手、下意识地频繁摸脸、不停地抖腿都是情绪紧张的表现，面对这种情况，滔滔不绝的谈话没什么意义，首先，你要做的就是缓解对方的紧张。

3.有困惑，很无奈，又不知道该怎么表达的时候，不妨摊摊手、耸耸肩。

4.如果对方模仿你的肢体动作，趋向于和你动作同步，说明他/她很愉悦，对你很是认同，这绝对是沟通的好兆头，请再接再厉。

5.别总酷酷地将手插在口袋里，实际上，那一点都不酷，反而会让你看上去更焦虑。

肢体语言是除了话语之外，女人在人际交往中最得体亦最耀眼的一件霓裳，不华丽，不张扬，却自带芬芳。每一个女人，都该有这样一件时装。

小称呼，大学问

在沟通的第一步，如果把称呼搞错了，那后面的话再精彩也没用。

小称呼，大学问，称呼对了，即便笨嘴拙舌，也能事半功倍；称呼错了，纵能舌灿莲花，也事倍功半。

《朗读者》第二季，董卿在洋溢着浓浓湘情的凤凰古城邂逅了画苑大家黄永玉。

黄老年已耄耋，是真正的"90"后，风风雨雨，已走过近百春秋，但他骨子里却是不服老的。他就像《射雕英雄传》里的老顽童，虽然白发苍苍，却是不服老的。所以，在和黄老初见面的时候，董卿并没有循规蹈矩地称呼他为"黄老""黄大师""黄老师"，也没生硬地称呼"黄先生"，而是别开生面，笑着唤了一句"那个比我老的老头儿"。

黄老不仅是绘画大家，还精擅篆刻，能诗能文，多年前，曾出版过一本名为《比我老的老头》的书，董卿笑着唤他"老头"，非但没触他的眉头，反而变相地表现了自己的尊重与认同，而且，这称呼带着俏皮，带着亲昵，很多时候，都会不自觉地拉近人与人之间的关系。

果然，黄老被董卿这个"比我老的老头"的称呼逗笑了，此后，整个采访环节，两人都相谈甚欢。

《礼记·仪礼》有云："言语之美，穆穆皇皇"。穆穆者，敬和；皇皇者，美好。自古而今，中国人说话也好，处事也好，总讲究谦恭有礼、婉雅端宁，所谓称呼，便是这种礼与雅的外在体现之一。

呼之得宜，则言之得宜；呼之不当，则言之不当。会说话的女人，无一例外，都会在称呼上下一番别样苦功。如是，不仅能获得他人的好感，使沟通变得顺畅，还能避免一些不必要的尴尬。

2017年11月，演员潘宥诚做户外建筑创意挑战类综艺节目《漂亮的房子》。

节目中，冯德伦表示，邀请了一位神秘嘉宾到来，让大家猜一猜。潘宥诚就问："是华仔吗？"

一句话，引发众怒。

冯德伦当场回怼："你叫华哥做华仔，你几岁呀？"

"华仔"是刘德华的粉丝们对他的昵称，喊着比较亲密，作为圈外人，喊喊也就罢了，可是，潘宥诚是娱乐圈的圈内人、新人、晚辈，还口无遮拦地张口叫"华仔"，那就显得轻佻、自大、不合适了。

节目录制过程中，很多观众都发弹幕批评潘宥诚，说他不懂礼貌。此后，潘宥诚的人气也下降了不少。

人当先重人，才能为人所重。或许，在很多人看来，不过是个称呼，是小事，没必要小题大做、上纲上线。但说实在的，人际交往中，称呼真的很重要。从社会经济学的角度来说，称呼反映的是一个人的地位与受尊重程度；从公共关系学的角度来说，称呼表明的是彼此的从属关系及联系；从心理学的角度来说，称呼体现的是彼此的距离与亲密程度。

从这个小小的称呼，我们可以理清很多丛杂的关系，亦能在一片丛杂的社交圈中如鱼得水，从容游走。

那么，与人交往时到底要如何称呼才算恰当呢？当然得因人就事而定。

譬如：同事之间交往，关系熟稔的同事之间，彼此称呼老王、小张、李姐、陈哥之类的，既不失礼，又显亲昵；但是，若是一个新入职的员工，刚到公司，就随大流地和其他人一样唤年长的同事老张、老王、老李，唤年轻的同事小陈、小刘、小江，就显得极不合适也不尊重。

另外，除了年龄、亲疏、彼此关系，在称呼别人时，会说话的女人还会综合参考对方的职业、身份、受教育程度、工作性质、职位等因素，不同人不同称呼。否则，唤一个卖煎饼的大爷"老先生"，叫超市的售货员阿姨"同志"，虽然不能说不对，但总归还是有些不合时宜。

还有，很多人都觉得礼多人不怪，多客气，常恭维，捧着其他人点儿，总不会错。其实不然。举个最现实的例子，很多女性，尤其是年纪大些的女性，对年龄都相对比较敏感，不喜欢被人叫阿姨，不愿别人说她老了，所以，更喜欢"姐姐""大姐"这个称呼。可是，凡事过犹不及，这要是碰到一位七八十岁的老人，还喊"大姐"，那抱歉，这不是恭维了，这就是纯粹的不尊重。

最后，还得额外说一句，称呼虽然无国籍、无边界，但是人有。所以，在称呼别人时，必须注意"入乡随俗"。

没有谁能做到人见人爱、花见花开，人与人之间，总会有亲疏、有好恶、有远近，有人喜欢你，便有人讨厌你，这无可厚非。如果只需注意下称呼，做到言之有"礼"、适宜适当，便能毫不费力地为人生添三分彩色、增七分顺遂，我们何乐而不为？

第
二
章

爆表的"言值"，不一样的表达方式

最恰当的表达才是最美的表达

古人说："较短量长，惟器是适。"恰当的，才是最好的；为人处事如是，说话亦如是。

所谓最美的表达，从不是最华丽、最婉转的表达，而是最恰当的表达。

表达恰当，就是根据不同的对象、语境、场合，选择恰当的词语来表情达意。直白点儿说，就是说话要合适、正好、到位，让人听着舒服。

央视著名节目主持人董卿便深谙个中三昧。

《中国诗词大会》现场，一位选手遗憾离场，脸上多少都带点儿沮丧，董卿没有按照惯常的"套路"去安慰，没说什么"越挫越勇，再接再厉"，也没说什么"希望下一次你的表现会更好"，而是轻声送上了一句："双鬓多年作雪，寸心至死如丹。"一句话，让选手湿了眼角。

会说话的人，无论在什么场合、什么情境下，总能第一时间洞悉他人的情绪，用最恰当的语言，表达最真切的关怀。话不多，却格外熨帖；言不重，却掷地有声；语不繁，却巧妙圆融。

湖南卫视的"言值"担当汪涵，在主持《天天向上》节目时，和嘉宾曾有过一次精彩问答。

那期节目，嘉宾们兴致勃勃地讨论起了太极拳，说太极能以柔克刚，看似柔和缓慢、没什么力道，却能四两拨千斤，以柔劲将人推出很远。说到这里，嘉宾欧弟就笑着问了一句："我家在台湾，要推几下？"

这个问题，问得实在是有些刁钻与冒昧，汪涵的回答却很从容、很得体、很恰当。

他说："台湾我们不推，我们要拉回来。"

现实生活与工作中，类似的情境、场合，比比皆是。这时候，最是考验人说话的功底，话若说得不恰当，把天聊死，或者干脆不上不下地尬聊，那就没什么意思了。

那么，如何把话说得恰当呢？

首先，要有同理心，有分寸感，懂得察言观色，照顾他人的感受。

《红楼梦》中有这样一段情节：

薛宝钗十五岁生日，办及笄宴，请了个小戏班来唱戏，戏班子里有一个小戏子长得有三四分形肖黛玉。王熙凤便打趣说："这孩子扮相活像一个人，你们再看不出来。"大家都知道她的意思，却没有人接话，只有史湘云接了话："倒像林妹妹的模样儿。"

有人说，这是史湘云娇憨可爱，心直口快，是吗？

在那个时代，戏子属于下九流，地位最是卑微下贱，人人都瞧不起。而黛玉的父亲林如海当时官至兰台寺大夫、巡盐御史，是二品大员，说一位仕宦之家出身的大家闺秀像戏子，这是极大的侮辱。这样的"心直口快"，无疑是极不恰当的，或者，这已经不是"心直口快"了，而是相当的不懂眼色、不看场合、没有分寸。

这样的人，无论如何，总是让人喜欢不起来的。

话是说给别人听的，不是说给自己听的，说得好不好，恰不恰当，不仅要看有没有成功地表达自己的意见、看法、情感，还要看对方是不是理解、认可、乐于接受并甘之如饴。

当然，这并不是说，说话的时候就得无条件地奉承他人，只照顾他人的感受，但在杜绝曲意逢迎的前提下，说话恰当一些，让对方听着舒服，让沟通变得更有效、更愉快，总没什么错处。

其次，要把话说得恰当，还要懂得什么时候该说话，什么时候该沉默。

有的时候，有些场合，保持沉默恰恰就是最好、最便捷，也最恰当的表达。

知名作家贾平凹先生有一位朋友，天生口吃，说话很慢，还结巴。

这一天，贾平凹和朋友一起出门散步，有个人过来问路，好巧不巧的，这人也是个结巴。

见状，朋友便笑着摇摇头，一语不发，还示意贾平凹回答对方的问题。

问路人走后，贾平凹很是疑惑地问朋友："你怎么不自己回答？"

朋友说："我口吃，人家也是口吃，我要是回答了，人家会以为我是故意模仿戏弄他。"

很小的一件事，折射出的却是一种修养，一种推己及人的态度，如此，虽一言不发，却更胜口若悬河。

只不过，这种分寸感的拿捏，这种语言表达上的得体，这种前后进退的把握，并不是一时半刻就能学会的，需要以人生的酸甜苦辣、喜怒哀乐来逐渐地沉淀，很多人都求而不得。更何况，绝大多数时候，出于礼貌、出于尊重、迫于形势等种种原因，我们并不能自由地、随心所欲地保持沉默。所以要把话说得恰当得体，还得掌握一些说话的小技巧。

1.模仿对方的语言习惯、重复对方的语言

人与人交往，总存在着一个从陌生到熟识的过程。

初次相见，彼此之间，常常一无所知，你不知道我的爱好，我不懂得你的审美，这个时候，贸然说些不尴不尬的话，很容易把天给聊死，可是不聊天、沉默，反而更尴尬。这时，与其东拉西扯、牵强附会，让彼此都尴尬，倒不如模仿一下对方，让气氛迅速融洽。

举个例子，对方是个动漫发烧友，喜欢各种二次元的事物，常常说些"cosplay""手办""柯南""樱木花道""火影""卡哇伊"之类的，你或许不懂，甚至根本就没接触过，但这并不妨碍你把天聊下去，你可以顺着对方的话语来，他说喜欢"cosplay"，你可以顺势问他"cosplay"是什么。他说喜欢火影柯南，你可以说我听说过，很感兴趣，希望能多了解，就是平时没时间看，请他给你讲讲剧情。他说这个很"卡哇伊"，那个很萌很二次元，你也可以顺着说，说你觉得××也很卡哇伊。

如是，彼此有了共同的"语言"，关系自然会迅速拉近，而且，适当的"模仿""重复"，很容易让对方共鸣，不致产生鸡同鸭讲的尴尬，沟通起来自然也更顺畅。

2. 不用或少用否定性词汇，多用中性、柔和的词汇

没有谁喜欢被否定，哪怕他/她真的错了。希望被认可、被尊重是人的天性。所以，会说话的女人从不把"不对""错了""不可能"之类的词语挂在嘴边，即便是对某些观点不赞同、有异议，也会采取先扬后抑的方式，委婉地表达看法，表达不同意见时，也会用些中性柔和的词汇，以照顾对方的情绪与感受。

诸如此类的小技巧，还有很多。比如，说话要简洁，不要喋喋不休；比如要因人对事，同样是赞美，有的人听了如沐春风，有的人听了却觉得你是在讽刺；又比如，说话要注意语序、语调、动作，顶着一张冰块脸、硬邦邦地说"谢谢"，不是在道谢，而是在兴师问罪。

言而当，知也。恰当的表达是一个女人学识、涵养、智慧、情商的最有

力展现，是一个女人钝感力、选择力、觉知力、情绪力、思考力、创造力的完美复刻；一个会说话的女人，并不一定口才多么出色，但说出的话却总能让人感觉温暖、舒适、愉悦。

最恰当的表达才是最美的表达。

你来我往话家常，融洽又贴心

家事国事天下事，古今多少事，最真不过平常事；官话套话漂亮话，一生多少话，最妙不过家常话。

真正会说话的人，都是"拉家常"的高手。

第十三届 CCTV 青歌赛团体赛首轮比赛现场，来自陕西横山县的原生态唱法选手李光明深情献唱《上一道坡坡下一道梁》，歌声激越，充满了淳朴豪迈的气息。然而，因为不是专业出身，演唱时难免缺乏一些技巧，且在综合素质考问环节得分不佳，最后，这位带着黄土高原醇厚气息的小伙子还是被淘汰了。

分数打出来后，李光明看上去很是失望颓丧。这时候，董卿走了过去，柔声和他拉起了家常。问他今年多大了，家里父母好不好，喜欢什么，工作压力大不大，有没有结婚等等，当听说小伙子已经三十岁，连青春的尾巴尖都快抓不住了，却还没结婚时，不禁为他着起了急，说要传授他点儿恋爱绝技。

聊着聊着,李光明的脸上不由自主地露出了微笑,现场略显冷清、尴尬的气氛也跟着迅速回暖。

无论在生活中,还是工作中,人与人之间的交流交际总是难以避免,与陌生人交谈更是口语交际的一大难题。

难在哪呢?

不外是性格、爱好、背景、学历、价值观、成长背景等不同而造成的"无话可谈"或者"鸡同鸭讲"。换句话说,就是圈子不同、见识不同,缺乏"共性认知",找不到深入交流的"切入点"。你聊的他/她不懂,他/她说的你毫无兴趣,甚至有些嫌恶;如此,聊不了两句,也就冷场了。

所以,沟通交流的关键,还是在一个"共"字。

不同性格的人千千万,不同经历的人万万千,但其实,所有的人,直面的不外都是生活,是吃穿住用行,是柴米油盐醋,是喜怒哀乐怨,是各种各样的生活琐事、家长里短。而这些家长里短,恰恰就是我们总是求而不得的那个"共"。

巧丽是都市生活频道的特约记者。

台里要做一档道德类综艺节目,需要采访县孝顺模范刘桂香。

刘桂香是个朴实的农村妇女,五十多岁,话不多,面对镜头,格外地紧张,坐在那里十分木讷,手都不知道该往哪里放。问她什么,她的回答不是"好",就是"嗯",这让节目组很是无奈。先后换了好几个采访记者,效果都不太好。

听说此事后，巧丽主动请缨。

和其他同事不同，采访刘桂香的时候，她没拿话筒，而是和刘桂香拉起了家常。问她家里有几口人，在哪里上班，平时在家都干什么，有几个孩子等等，就像家常聊天一样，渐渐地，刘桂香紧张的情绪在这些"鸡毛蒜皮"的家常中得到了有效的缓解，渐渐变得健谈起来。巧丽也巧妙地借着和刘桂香聊"孩子"这个话题的东风，谈到了养儿防老，谈到了孝顺，自然而然便切入了采访话题。

拉家常是人与人之间情感交互、信息沟通的最有效方式之一。

说话的时候拉拉家常，不仅能拉近彼此之间的距离，让气氛更融洽，还能在适当的时候化腐朽为神奇，引发人与人之间的情感共鸣，从而达到令人惊喜的沟通效果。

1952 年，共和党副总统候选人理查德·米尔豪斯·尼克松被指控收贿受贿。当年 10 月，在一次面对全国的电视讲话中，尼克松做了澄清演讲。在演讲过程中，他并没有信誓旦旦地剖析或表白，而是坦言："在被提名为候选人后，的确有人送给我一件礼物。那是一个从外面寄过来的包裹。"

说到这里，他顿了顿，就像平常和人聊天一样，笑问了一句："你们猜包裹里是什么？"

之后，他以对话式谈心的方式，再次娓娓道来："打开包裹一看，是一个条箱，里面装着一条长耳朵的西班牙小狗，全身有转折相同的斑纹，十分可爱。我六岁的女儿特利西亚喜欢极了，就给它取了一个名字，叫'棋盘'。大家都知道，小孩子们是喜欢狗的，所以，不管人家怎么说，我打算把狗留下……"

这便是美国历史上闻名遐迩的"棋盘演说"。

彼时，已经陷入一片政治泥沼的尼克松便是凭着这拉家常一般"直白"但温暖的演说，收获了无数美国普通民众的支持，顺利走出困境，进而百尺竿头更进了一步。

人有共情的天性，拉家常式的交流则是放大器，能以一种潜移默化的方式将这种共情放大一千倍、一万倍、千千万万倍。情感上拉近了，共同的话题多了，彼此之间的距离感消失了，沟通起来，自然事半功倍。

那么，这个"家常"到底要怎么"拉"呢？东家长李家短的瞎扯显然是不明智的，单刀直入地冒昧提问，或者为了拉话而拉话地刻意接近也是不可取的。真要"拉"好家常，最关键的一点，不是其他，而是找到对方的"兴趣点"。

简单点儿说，就是要找到对方感兴趣的、愿意聊下去，并可以聊下去的话题。

譬如，和一位耄耋的长者聊天，说什么"蓝瘦香菇"，不时地冒出两句"喜大普奔，不明觉厉"肯定是不行的。另外，拉家常的重点在"家"与"常"，一些生僻的话题根本就没必要提起，一些不太"大众"的故事、段子、认知，也不要拿出来说。

拉家常的目的是为了消除彼此之间的隔阂与陌生感，拉近关系，制造熟悉的气氛与感觉，而不是没话找话，更不是显摆。

还有，必须要说的是，拉家常的时候，切忌交浅言深。

现实生活中，总是有些女孩"自来熟"，还有些人"太实诚"，聊上几句家常，彼此之间的气氛刚刚融洽一些，就"知无不言，言无不尽"，恨不得"掏心掏肺"，似乎这样才能显得彼此熟悉热络，但其实，你和他／她真的没熟悉到那种地步。凡事过犹不及，即便是要营造"家"的氛围，说些"常"话，也得注意分寸，别弄巧成拙才好。

说错话了？没关系，认错就是

人生总会有些不顺意，酸甜苦辣咸，五味杂陈，才是生活。无论是谁，总难免会犯错，错了，其实没什么，重要的是，你要勇敢地去认错。

董卿也曾经犯过错。

2009年春晚，董卿在报幕的时候出现了口误，把"欢迎马先生的儿子马东和他的伙伴们为我们带来《五官新说》"说成了"欢迎马先生的儿子马季和他的伙伴们为我们带来《五官新说》"。

报完幕之后，董卿自己并没有意识到自己报错了，导演组因为怕影响她的情绪，当时也没提醒她。直到晚会散场，才告诉了她这件事。

为此，董卿非常自责，懊悔不已，自己偷偷地哭了三天。

但错了就是错了，这无可置辩，自己犯的错，就要自己承担，董卿决定主动去道歉。

在之后的春晚幕后研讨会上，董卿诚恳地做了检讨，为自己的失误向马季、马东父子，导演组，以及全国的观众朋友们真诚致歉。

每个人都有可能犯错，所以，每个人都有被原谅的权利。犯了错其实并不可怕，可怕的是，犯错之后为了面子、为了虚荣、为了种种原因，文过饰非、狡辩抵赖、不认错、不道歉、执迷不悟的态度。

子曰："知错能改，善莫大焉。"知错认错，然后改正，才是面对错误最正确的态度。没有谁会因为你犯错了、道歉了就看轻你，相反的，"死鸭子嘴硬"、拒不认错才会让人看轻。

2010年元宵晚会，董卿在串词的时候，把"去年元夜时，花市灯如昼"中的"昼"说成了"书"。

著名剧作家魏明伦先生发现并指出了这个错误。

董卿虚心接受批评，专门发了短信向魏先生表示歉意，并公开向观众们致歉。

此事之后，董卿深感自己的底蕴不足、知识储备不够扎实，积极在业余时间为自己充电，甚至，为了让自己变得"更好"，在事业最巅峰的时候，她毅然撕掉了身上的"标签"，赴美留学深造，决意"从零开始"。

知错，认错，改错，其实是一个不断自我更新的涅槃。

知错，无论是被动还是主动，都能让人更清晰地认识到自己的缺点与不足。

认错，不仅能消除彼此间的误会与隔阂，让问题更有效地得到解决，还能体现一个人的胸襟、器量、责任感，提升个人魅力，让人觉得诚实、坦率、可靠。

徐悲鸿先生昔年曾画过一幅《写东坡春江水暖诗意》图，图上画了只雌性的麻鸭。

那麻鸭，栩栩如生，翅喙分明，尾羽卷曲如环，脚掌轻拨，一江水动，很是传神。许多人都不吝赞誉，一位来自农村的老人却看得直皱眉头。他对徐悲鸿说："先生，你这鸭子画错了，雌麻鸭尾巴哪有这么长？"

之后，老人告诉徐悲鸿，雄性麻鸭尾羽颜色艳丽，较长，有些雄鸭尾羽也会卷曲，但是雌麻鸭的尾羽毛色暗淡，非常短，根本就不会卷曲，所以，徐悲鸿这鸭子画错了。

彼时，徐悲鸿已经是画坛闻名遐迩的领袖人物，而老农则籍籍无名，面对这样的批评，尤其是当众批评，徐悲鸿却没觉得失面子，而是虚心接受了老农的指教，承认是自己疏于写生、画错了，还对老人表达了深深的谢意。

随后多年，徐先生在写生方面下了许多功夫，对一些容易忽略的细节也格外做了注意，精益求精，不断自我完善，终成一代大师。

海明威在《真实的高贵》中说："优于别人，并不高贵，真正的高贵应该是优于过去的自己。"

有错了，就承认错误，这理所当然，无可厚非。

认错，并不是什么羞耻的事，相反，认识到了自己的错误，并勇于承认错误，恰恰能表明，我们比犯错时更稳重、更成熟，说明我们在成长，这是好事。只不过，谈到认错，在这里，笔者还得多说两句。什么是认错？怎么认错？说声"对不起"就没事了？显然不是这样。

其实，要说起来，认错也是门学问，认错认不好，得罪人不说，还可能让彼此的隔阂与误会加深；相反，认错认得好，认得巧妙，或许就能"不错不相识"，让彼此关系更进一步，更深一层。

那么，说到底，这个错，我们究竟要怎么认才算好呢？

首先，要诚恳，要真正认识到自己错在哪。

西塞罗说："每个人都有错，但只有愚者才执迷不悟。"错了，磨磨唧唧的没什么意思，干脆了当地去认错，去道歉就是。

只是，不管是认错还是道歉，都是我们在主动求和，是我们希望得到别人的原谅，这是我们自己的责任，不是受伤害的一方逼着我们去做的，所以，认错的时候一定要诚恳，要真诚，别找借口推脱责任，别粉饰过错，别"理所当然"地狡辩，也别东拉西扯，更别理直气壮地认为"你不原谅我，你就不大度"。记住，你是来认错的，不是来找茬的！

还有，认错嘛，你起码得知道自己错在哪。否则，只干巴巴地说些"对不起""我错了，请原谅"之类的话，对自己的过错却避而不谈，很容易让人觉得你是在敷衍，道歉没什么诚意。

举个例子，你和朋友因为对某个人某件事的看法有分歧而发生了激烈的争吵，其间，你还说了些很伤人的话，那么，去认错的时候，比起诸如"我知道错了，你别生气了，原谅我吧"这样毫无营养、似乎还有些不情不愿的说辞，"我错了，我不该为这事和你吵架，彼此看法不同是正常的，我认为这件事是对的，只是我的个人看法，我们观点不一致，不代表你就错了，我却为了这个和你吵架，是我不对，我为我的不成熟向你道歉，请原谅我"这样的说法无疑更能让人感受到你的诚意。

其次，认错的方式可以多种多样，但一定要及时。

所有的情绪都有一个发酵的过程，所有的矛盾都是在累积中不断扩大的。所以，要缓和矛盾，维持关系，最重要的就是要把矛盾、负面情绪、隔阂等扼杀在"摇篮"里，知道错了，就赶紧去认错、去道歉，不要因为爱面子、拉不下脸或者其他原因，拖到不能再拖了才去道歉。真要到了那个时候，即便是你认错认得再真情实意，别人也会觉得你不情不愿，觉得你是迫于形势，若不然，你早干吗去了？

当然了，女孩了脸皮总是要薄一些，有些时候，道歉的话真的说不出口。这也没关系，毕竟，认错、道歉的方式有很多，不一定非得说一声"对不起"才算有诚意。

比如，可以用书面形式道歉。给受到伤害的他/她写一封道歉信，发一封道歉邮件，言辞恳切地表达下歉意，也不错。

又比如，你实在是不擅长道歉，也说不出什么认错的话，那么，给对方送点儿小礼物，鲜花、巧克力、书，或者干脆请对方吃顿饭，用委婉的方式向对方传达你的歉意，让对方感受到你的真诚，也可以。

再次，要及时改正错误。

还有什么比及时改正错误更能表达歉意呢？没有！

分歧发生了，错误出现了，或许，单纯的道歉并不能弥补什么，更无法看出真正的态度，而行动却不一样。

用实际行动来认错，把自己犯的错误改正过来，有时候，比说一千一万遍"对不起"更有用。当然了，如果在改正之前，就能先认个错，说声"对不起"，那就更完美了。

总而言之，知错就改，是永不嫌迟的。错了，没关系，道歉就是。真正会说话、会做事的女人，从来都不会试图掩饰自己的错误，更不会为自己的错误寻找一个又一个貌似合理的借口，因为，她们知道，真诚的歉意重过千言，有担当的女人更有魅力！

主动当配角，鼓励对方多说

希冀被瞩目、被簇拥、被赞美，希冀成为独一无二的主角，是人与生俱来的本能，但是，舞台就那么大，舞台中央的位置就那么多，能站上去的终究只是少数。所以，与其为一个或许在当下对我们而言委实是遥不可及的位置争得头破血流、满身是伤，倒不如主动做一颗映月的星子，湛湛清辉，自见光亮。

从业二十余年，董卿始终都坚守着一个主持信条，那就是"把自己当绿叶"。

无论是全国青年歌手电视大奖赛（以下简称青歌赛）、春节联欢晚会，还是《朗读者》《中国诗词大会》，主持人的作用都是协调、引导、适当地控场、让气氛融洽、让节目能够顺畅和乐地进行下去，而不是喧宾夺主。董卿深谙这一点。

第十一届青歌赛，董卿是主持人之一，职业组的比赛现场，总能看到她

会说话的女子

端庄明媚的身影，但她却在尽量让自己的出场作用被淡化，她直言："我就是个照着屏幕念题的。"

事实上，也正如她所言，在比赛进行中，她做得最多的就是"念题"，语调柔和，平稳，一丝不苟，偶尔会用眼神、微笑无声地为选手送上鼓励，偶尔会说几句"题外话"，安慰下选手的情绪，她懂得，在这个赛场上，她并不是主角，她收敛了自己的光芒，心甘情愿、尽心尽力地做着配角，并将配角做到了最好。

不是非要站在舞台的中央，才能凸显一个人的含金量，主角很重要，配角也很重要。

聪明的女人，绝不愿做那唯一的万丈之光；会说话的女人，最明白"绿叶"莹莹的暗芒。

自己少说一些，让别人多说一些，自己少三分荣光，衬出别人的十分明媚，自己甘做点缀，让别人成为谈话的"主角"，有的时候，其实，真的没什么不好。

湖南卫视当家主持人汪涵在谈到主持工作时，献上了三个"锦囊"：一、要学会听话；二、不迷恋掌声；三、甘当绿叶。

他说，主持人要摆正自己的位置，成为绿叶，衬托每一位前来的嘉宾。

毕竟，别的时候暂且不谈，在节目中，真正的主角永远都是嘉宾。

他如是说，也是如是做的。无论是主持《真情对对碰》《快乐男声》，还是《超级女声》《玫瑰之约》，他都主动自觉地做了捧哏者。

　　每个人都有自重的天性，没有人愿意当配角，没有人甘于成为点缀，但有的时候，尤其是在与人沟通的时候，成为一片能够衬托所有"红花"的"绿叶"，其实也不错。毕竟，衬托了"红花"的"绿叶"有千千万，被"绿叶"衬托成"红花"的却只有那一片，如此，做做"绿叶"也没什么。更何况，做"绿叶"也有做"绿叶"的好处。

　　李雪是省城一座三流院校设计专业的毕业生，毕业后，因为毫无工作经验，学历也不耀眼，找了三个月，最后才进了本地一家小型广告公司的设计部。

　　和其他不断有新鲜血液补充的大公司不一样，李雪所在的公司很小，资金有限，设计部也都是年过四十的老员工，资历、经验都很丰富，但思维僵化，对时下的流行趋势、时尚元素了解较少，设计缺乏创意，对一些新颖的概念把握十分不足。而这些，恰恰都是李雪的强项。所以，有时候，同事们做项目设计时，遇到一些"新概念"，便会来找李雪讨论一下，李雪也知无不言、言无不尽，时不时地还会蹦出两句"你应该……""这事儿得听我的""我觉得你这样……"之类的话，时间长了，李雪渐渐发现，同事们对她的态度越来越冷淡。

　　起初，她很不解，但自我反省了好几天，又找了几位老成持重、职场经验丰富的朋友询问之后，李雪明白了自己错在哪儿。

她太"耀眼"了，太想表现自己了，总是在不经意间就对同事指手画脚，说话爱抢话，还总是不自觉地凸显自己的强项、作用，总是一副"我是主角，我比你高明"的态度，这样的说法做法，明显是讨人嫌了。

意识到这一点之后，李雪做出了改变，平时和同事沟通的时候，再也没有"倚小卖小"，没有抢话，没有滔滔不绝，而是把自己化成了"绿叶"，把"您觉得怎么样""这个概念是网上新流行起来的，意思是……我的理解就是这样，您看，您经验丰富，懂得多，能不能从xxx角度分析分析，让我也涨涨见识""哎呦，您说'请教'我可不敢当，我也就是正好学过这个""我就是块砖，只负责抛砖引玉。关于这个项目，我还有个问题想问问您……"之类的话挂在嘴边，为同事"解惑"之后从不多说，也不贪功，大多数时候都会巧妙地带开话题，默默倾听，把话语权交给同事，"捧"着他们，给同事"指点"的机会。

渐渐地，她的人缘好了起来，同事们对她也都和颜悦色，有什么事也愿意提点她、帮助她，李雪的职场之路似乎一下子就变得顺畅了许多、宽阔了许多。

"如果你想树立一个敌人，那很好办，你拼命地超越他，挤压他就行了。但是，如果你想赢得些朋友，就必须做出点小小的牺牲——那就是让对方超越你，走在你前面。"一位法国知名心理学家这样告诫我们。

所以，平时说话做事的时候，我们不妨主动退一步、让一步，做个配角，这并没有损失什么，却能让我们收获更多。别的且不说，一份好人缘是肯定的。而在重能力亦重人脉的当下，一份好人缘，能带给我们的委实太多太多。

　　当然了，"绿叶"其实也不是那么好当的。要当好"绿叶"也需要下一番苦功，掌握一些小技巧。譬如，要适当"捧哏"，但不要"捧"得太过，实话要巧说，不吹不拍，不刻意去凸显或者逢迎什么；譬如，要就事论事，不做过多的评价，也不轻易下定论，具有绝对意义的词少用；譬如，要适当地接话、搭茬，给对方递"梯子"、递"话题"，让对方多说多聊多展现，等等。

　　绿叶无华，默映花红；星子敛辉，巧缀月明；主角有主角的荣光，配角有配角的璀璨，会说话的女人，从不抢着做主角，反而主动做配角，鼓励对方多说多表现，让对方成为聚光的那个点，如是，既收获了对方的好感，甚至感激，又达成了自己的目的，惠而不费，反而能做到两全其美。

会说话的女人都是"示弱"高手

曾在微博上看过这样一个小故事：

澳洲近海，生活着两种蓝甲蟹，一种性格暴躁、凶悍、好勇斗狠，和谁都敢针锋相对；一种性格温和、柔弱，习惯主动示弱，遇到敌人，或者躲藏起来，或者一动不动地装死。

原本，两种蓝甲蟹的数量相当，但是，数百年后，争强好胜的蓝甲蟹族群数量锐减、濒临灭绝；主动示弱的蓝甲蟹族群数量骤增，繁衍生息，一片欣欣向荣。

锋锐、强势，本无可厚非，然而，一旦强强相撞，要么两败俱伤，要么同归于尽，结果总是很糟糕。相反，柔和一些，适当示弱，主动去避开对方的棱角与锋芒，以退为策，坚守方圆之道，却能更好地保护自己，有些时候，更能收获满满的惊喜。

换而言之,主动"示弱"并非怯懦,而是一种生存智慧。能示弱,更能主动示弱的,从来都是淡看花开、自信从容的睿智者。

董卿是央视名嘴,公认的会说话,她言值爆表的最主要原因之一,便是懂得示弱。

无论是生活中,还是工作中,与人沟通时,董卿总是语调柔和,轻言浅笑,不会发脾气,也从未咄咄逼人。

留美归国,回到央视后,董卿的处境一度很尴尬。毕竟,一个萝卜一个坑,既然当年董卿选择了离开,那属于她的"坑"自然就被别的"萝卜"占了,她再回来,多少都有些无所适从,甚至成名于春晚的她,连续两年都未出现在春晚的主持名单上。

对此,换成任何人,心里都难免会有怨气。董卿却依旧平和、温柔、从容。

她主动选择了不争,去做了一档全新的节目——《朗读者》。

新的节目,起步真的非常难。

台内开编委例会,部分与会者认为快销娱乐类节目才是收视率的爆点,花费大的力气做一档收视率"注定惨淡"的文化节目委实不合适。甚至,有人直言不讳地表示否定,说话并不太客气。

面对这样的不赞同,董卿没有和谁呛声,也没针锋相对地去反驳、去辩驳,而是示人以弱、娓娓陈情,从社会文化导向的变化,说到人均阅读量,从人均阅读量谈到朗读,最后,柔和地总结:"我们需要这么一个契机,让大家能够安静下来看一档节目。"之后更软语温存,表达了自己做节目的诚心以及希望得到支持的"恳求"。

最后，绝大部分与会者都选择了支持她。

"牙齿有多硬，可一个个掉了；舌头有多软，可它永远与你同在。"太多时候，太多的女子，都败在了要强这一点上。诚然，张扬个性、展示自我、当仁不让、为人强势一些并没有什么不对，但是，有些场合，有些环境，适当地示弱一些，反而更利于沟通，更容易成事。

张倩是一家互联网公司的销售部经理，年轻有为，性格强势。

最近一周，销售部的小李工作时总是心不在焉，业绩直线下滑，拖了部里的后腿，同事们多有怨言，张倩也很不满，决定找小李谈谈。

办公室里，小李刚一进门，张倩便直接质疑："小李，你最近的表现有些糟糕，业绩太差了，怎么回事？是不是私下里偷懒、敷衍工作？"

小李一听，有些不悦，她解释："经理，我知道我最近状态不好，但是我已经尽力了，我家……"

小李的话还没说完，张倩就打断了她，大声呵斥："尽力了？你那也叫尽力了吗？八个小时，四个小时在走神，带客户去看房，把小区都搞错了。你那是尽力了吗？你只是看起来尽力了！我跟你说，小李，我也是从销售员一步步干上来的，底下糊弄人的那一套糊弄不了我……"

机关枪似的一阵抢白与训斥之后，张倩直接给小李下了最后通牒："月底的时候，你业绩要是还追不上来，就给我卷铺盖走人！"

"走人就走人！我还不稀罕待在这破公司呢。"小李恨恨地回应。说完，径自摔门离去。

看着小李的背影，张倩有些愣怔。她没想真的开除小李，只是吓唬吓唬她罢了，没想到……

强者示弱，弱者示强，所谓强大，从不流之表面，嘴上的强大并非真的强大，适当地示弱也不代表弱势。

张爱玲说："善于低头的女人，才是最厉害的女人。""低头"不是退缩，不是怯懦，相反，它折射的是一种尊重、宽容、平和的心态，一种从内到外真正的修养。

女人呢，示弱以持强，才是真正的睿智。为人处世如是，说话亦如是。

有的时候，沟通难，办事难，人与人之间总是话不投机，原因就是双方都不愿意撕掉自身"强大"的标签，不愿意去适当地附和对方，都希望能主导说话的节奏，所以，最终的结果，不外不欢而散。

但其实，说话最主要的日的还是为了顺利沟通，有的时候，没有必要太较真，真辩出了个你强我弱，却把场面搞得一片糟糕，委实是得不偿失。

逞强人人都会，然而，针锋相对，图了一时之利、一时之快，最后，换来的多半都是人缘上满满的硬伤；更何况，有的时候，连一时之利都得不到。

相反，说话做事，表现得柔和一些、弱势一些，偶尔装装糊涂，退让一下，却能获得另一番流年如画、海阔天空。

复旦校庆，王瑶和丈夫齐鑫一起出席。

校庆当天，新老同学汇聚一堂，闲聊调侃，交流很是融洽。

在同学们面前，王瑶总是一副小鸟依人的模样，谈到家庭、事业，对丈夫也是推崇备至，说他是家里的顶梁柱，自主创业，公司形式一片大好，等等，赞美不断。

谈到自己，她笑嘻嘻地表示："我就是靠齐鑫养着的小女人啊，比起齐鑫我差远了。我没什么创新能力，执行力也差，只能老老实实地给人打工，做不了老板。"

但其实，身为某国际通讯巨头大中华区总裁的王瑶无论是在事业上，还是在收入上，比丈夫齐鑫都要高很多。她并不弱，相反，她的实力很强大，但家里家外，言里言外，她总是把自己摆在"弱势"的地位，这种"示弱"丝毫无损于她的强大，却让他们的夫妻关系更加圆融，结婚二十年依旧恩爱如初，甜蜜异常。

人与人之间的交往，就像是建筑的架构，榫与榫相撞，你凸我也凸，势必火花四溅；卯与卯相对，你凹我也凹，势必松松散散；唯有榫与卯相合，一退一进，一凹一凸，方能真正地严丝合缝。榫卯建构如是，沟通亦如是。

生活中适当示弱，可以避免许多矛盾与摩擦；工作中适当示弱，可以省去许多不必要的麻烦纠扯；婚姻中适当示弱，可以让婚姻更加幸福圆满；强者适当示弱，能彰显胸襟、度量，弱者示弱，能积蓄力量，避开"烽火"，逐渐变强，最后实现质变；男人示弱，更显谦逊，儒雅风度，让人心悦；女人示弱，纤纤弱质，温柔坚定，亦会显得更加真实、可爱、亲切。

当然了，"示弱"只是一种沟通策略，不代表着要刻意自贬、曲意逢迎，个中尺度，还需要女人们在日常的沟通实践中灵活地揣度与把握。

三思后说，慎语慎言

有人的地方就有圈子，有圈子的地方就有交际，有交际的地方总少不了言语。

言传心声，切中肯要，能说会道固然令人欢喜，言谈无忌却难免让人心生厌烦。由是，"三思而后言"成为"话术淘宝店"的热销商品自也是题中之义。

自1994年走上荧屏，20余年的时间里，董卿主持过的节目不知凡几，《魅力12》《相约星期六》《我要上春晚》《欢乐中国行》《朗读者》《中国诗词大会》等都十分出彩，春晚、青歌赛，各种国际峰回，也常能看到她的身影。

毫无疑问，在主持界，董卿是当之无愧的人生赢家，而她之所以赢得如此云淡风轻，最大的底气，不外是那近乎零的失误率。无论是做现场直播，还是录播，董卿说话都很少出错，20多年了，出错的次数至多也只有10次，这个数据，委实相当亮眼。

董卿是怎么做到的？很简单，三思而后言。

说话之前，先稍稍停顿一两秒，把要说的话在脑海中先过一遍，看看有没有什么不该说的话，看看合不合逻辑，想想听了这话别人会怎么想、怎么看，想想这话是不是还能换个更妥帖的说法，然后再说出口，效果会好一些。

《论语》有云："慎言是讱"。《易》中也有言："乱之所生也，则言语以为阶。"一言既出，直如覆水难收，不可不慎，是以，需三思而审慎。病从口入，祸从口出，言前不思，言前不省，莽而无状，很多时候，都会自食恶果。

2010年8月，菲律宾发生枪杀事件，事件中，有多名中国香港游客受伤，八人死亡。

事发之后，港岛上下，一片抨击，穷凶极恶的凶手被声讨，久久未能缉凶、事发时反应迟缓、延误了救人最佳时机的菲律宾警方也被指斥为无能。就是在这样的大环境下，中国香港影星成龙不知道出于何种考虑，竟对菲律宾警方伸出了"援手"，在推特上发文说："中国香港是多元种族的社会，别担心，我们没有憎恨。"

此言一出，顿时激起了民愤，中国香港的民众纷纷表示质疑、不解、愤怒，斥其为"中国香港之耻"，港岛上下更刮起了一股抵制成龙的风潮，成龙在中国香港的影响力也因此下挫不少。

　　或许，成龙本人并没有哗众取宠之心，他觉得菲律宾警方虽然也有责任，但不应该被过分苛责，然而，在群情激奋的情况下，他发表这样不合时宜，甚至有些"逆流"的言论，显然是极不妥当的。

　　人可无才、无颜，不可无德；人可少言、寡言，不可乱言。

　　上天赋予我们两眼、两耳、一口，便是为了让我们广见、广闻而慎言。讷于言，敏于行，方是君子之道。当然了，世事变迁，时移世易，方今社会，最受欢迎的始终还是那些会说话的人。然而，会说不代表说得多，也不代表口不择言，真正会说的人，其实，皆是三思后说、慎言慎语的人。

　　换句话说，言语之慎，无关多寡，慎言者，滔滔不绝也得宜，言不慎者，哪怕只说一句，也能见罪全世界。

　　言道至简，亦至繁，古之圭臬，今日同样适用。

　　阿里巴巴董事局主席马云应邀到清华大学做演讲。

　　谈及"企业家精神与未来"，谈及"读书与成功"的关系，他没有妄言，而是斟酌再三，才说"我书读得不多，但我把我们公司一万多员工都当成书来读。他们每个人都是一本书。"

　　此言可谓绝妙，不仅巧妙地掩饰了自己涉猎不多的些许尴尬，还传授了最真实的"成功"经验。若非三思，不能做此语。

　　类似的事例，生活中，工作中，圈子里，圈子外，其实还有很多很多。

　　同样的话，不同的人说，用不同的话说，听者的反应自也截然相异。

很多时候，我们习惯了一吐为快，习惯了脱口而出，却不知"言者无意，听者有心"，开口前若不三思，莽撞冲动，直言不讳，想到什么就说什么，很有可能一言得咎，损人而不利己。

修身洁行，言必有绳墨。想要获得好人缘儿，让沟通更顺畅，说话的时候，总要有几分"美人心计"，比如谨言慎语，比如三思后说，便不错。

有的时候，说话的顺序很重要

话术千般，妙在一言，说话的技巧有许多许多，多到泛滥成灾，但其实，社会才是最真实的课堂，它教会了女人太多太多，比如要恰如其分地赞美；比如要顾及对方的面子、给对方多戴高帽子；比如要投其所好；比如批评别人之前先批评自己；又比如说话的时候，要注意语序，同样的一句话，不同的语序，表达出的效果其实大相径庭。

两位实习牧师和神父一起做弥撒。

弥撒的时间很长，过程更是枯燥，进行到一半的时候，两位牧师都犯了烟瘾，想要抽根烟，提提精神。

牧师甲便小心翼翼地问神父："先生，我能不能在祈祷的时候吸根烟？"

闻言，神父很愤怒，认为他在亵渎上帝，把他狠狠骂了一顿。

牧师乙见状，缩了缩脑袋，没敢说话，过了一会儿，他实在是忍不住了，便走到神父身边，问："先生，我能不能在吸烟的时候祈祷？"神父闻言大悦，认为他对主的信仰十分虔诚,微笑着点头应允。

类似的情境、事例,其实还有很多,最著名的不外曾国藩的"屡战屡败"和"屡败屡战",猴子分桃的"朝三暮四"和"朝四暮三",内容是一样的,事情的实质也是一样的,不过是换了一个说法,调整了一下语序,语意、情感等等,就发生了翻天覆地的变化。不得不说,这真是一件很神奇的事情。

作为央视当家花旦,从业多年的董卿一直都深谙语序的神奇,而且,在工作中、生活中运用得炉火纯青。

《朗读者》第七期,主题是"告别",谈到"告别",一千个人有一千种感触,董卿说:"告别,是结束也是开始,是苦痛也是希望。面对告别最好的态度,就是好好告别。"在这里,董卿只是稍稍调整了下语序,将开始、结束、希望、苦痛的顺序做了微调,意思就变得截然不同,哪怕是在说告别这样沉重的话题,也能说得生意盎然。

不信?亲爱的,你把语序调过来,"告别,是开始也是结束,是希望也是苦痛",读起来是不是两种感觉?

说话的语序,看似无关紧要,但却奥妙非常,掌握了个中技巧,很多时候,都能收获不一样的惊喜。

姐姐临产,田甜和姐夫戚巍一起在产房外等。

姐夫有些坐立不安，不是在走廊里来来回回地转圈，就是伸着脖子往产房里望。

田甜也很着急，心里慌乱，怎么也平静不下来。

产房外，像他们这样焦急等待的产妇家属还有很多，田甜听到，不少人在孩子出生后都兴奋地追问："男孩还是女孩？孩子好不好？大人好不好？"这话，听着好像挺正常的，可是，田甜却莫名有些不舒服。

过了大概一个小时，产房内传出一阵嘹亮的婴儿啼哭声，姐姐生了。

田甜和姐夫赶紧跑过去。

姐夫很是焦急地拦住护士，问："大人怎么样，好不好？"护士说："很好，就是有些虚弱。"姐夫松了一口气，这才接着问："孩子呢，好不好？"护士点头："孩子很好，挺壮实的，八斤重。"姐夫再次松了口气，这才兴致勃勃地问："男孩还是女孩？"

同样的话，先后不同的问法，表现出的却是不同的情感诉求。

事有轻重缓急，爱有真假浓淡，所谓言由心生，话里的先后折射出的恰是情感的先后。

戚巍先问大人，后问孩子，最后才问性别，无疑证明，在他心中，妻子的安全才是第一优先级。与之相比，孩子是男是女就不那么重要了。戚巍的话不多，语序的先后，展现的却是他对妻子最真实也最深重的爱。

人要衣装，佛要金装，言也要以序装。同样的字眼，同样的句子，语序颠倒一下，突出的重点不同，表达的意思、情感也便不同。

看这两句：1.小李工作的时候昏昏欲睡。2.小李昏昏欲睡还在工作。

听了前句，很多人都会觉得小李工作态度消极、不是个好员工；而听了后句，小李的形象立即"伟光正"起来，正能量爆棚。但其实，两句话，说的不过是同一个人，同一件事。天壤之差，就差在了语序上。

那么，语序到底要怎么调整呢？说实话，这是个烦琐和细致的活儿，一句两句的也说不清楚，具体的情况，还得你自己主动去摸索，去积累，但有两点一定要注意。

第一，要先说重点，再谈细枝末节。

日常工作与生活中，总有那么一些人，无论是汇报工作，还是交代任务，总是喜欢面面俱到，细致到极处。说实话，这没什么错，相反，这种认真负责、一丝不苟的态度很值得肯定，但是，你交代得太多、太细致，将所有的细节都抠一遍、说一遍，即便是好心好意，有些时候，也会给人啰啰唆唆、喋喋不休的坏印象。

怎么办呢？最简单的方法是，把重要的事情、整体的框架提到前面来说。先言简意赅地把要说的内容做个概括，然后再谈细节。或者，说之前就把要说的内容、时间等讲清楚，比如，开会的时候，先声明，今天要讲几方面的内容，分几点，大概要用多长时间，这样，就会避免与会者因为觉得这个会长到无边无际而昏昏欲睡或者频频看表的尴尬，与此同时，还能让人觉得你说话办事精准、有效率。

第二，因事成言，有些事情，要先说结果，再谈其他。

不同的事情，不同的环境，面对不同的人，说不同的话，语序的排列自然也要不同。

闲情趣事、笑谈故事自然可以按部就班，娓娓道来，但是，一些紧急的事情，尤其是攸关生死成败的事情，却要开门见山，先说结果，再谈其他，以免造成不必要的误会，甚至引发一些糟糕的后果。

举个例子，明明放学回家的路上，遇到一个持刀歹徒，被挟持，还好特警及时赶到，制服歹徒，救出了明明。这件事，要怎么和明明的家长说？

第一种说法："明明妈妈，不好了，你家明明在放学的路上碰到了歹徒，被抓住了，那个歹徒手里还拿着刀，听说……"

后面的话，其实不用说了，因为，明明妈妈已经急得晕了过去，要是身体不太好，闻听"噩耗"，说不定还得急出个高血压、心脏病之类的，孩子没事，家长就先倒了。

第二种说法："明明妈妈，和你说个事，你可得好好感谢下人家特警同志，要不是人家及时赶到，你家明明就危险了。"

这么说，就像是给明明妈妈吃了一颗定心丸，知道孩子没事，情绪就不会太激动，之后，再说被绑架、被解救的细节，效果自然要好许多。

总而言之，话语分先后，先后有妙真，识得真玄奥，笑作健谈人。

"言值"双杀：面子和帽子

人生三碗面：场面，情面，脸面。

场面需圆，沸水滚汤，排排场场，圆不过去，撑不起来，就是没体面；

情面需给，温汤雅煮，柔柔和和，总难推却，不管不顾，就是没给面；

脸面需奉，酸甜苦辣，诸味皆调，爱之弥深，忤了逆了，就是没情面；

三碗面，三番烹煮，万般滋味，场面可推，情面难却，最不能失的，却是脸面。

会说话的聪明女人，从来都不会做落人脸面的事、说落人脸面的话，无论沟通对象是谁，言语之间都会给足对方颜面，是以，受益颇多。

著名节目主持人白岩松应邀做客《朗读者》时，董卿巧笑嫣然，落落大方，见到白岩松的第一句话就是"应该说你也是回家啊，2016年，《朗读者》还在酝酿的时候，岩松就是我们的策划人"。短短一句，表现了尊敬，表现了欢喜，还隐隐为白岩松表了功，可谓给足了脸面。

《朗读者》好评如潮，网友们争相赞叹，说董卿帮他们找回了"初心"，理解了"陪伴"，认识了"故乡"，董卿莞尔，毫不居功，还浅笑着给所有人送了一顶"高帽子"，她说："《朗读者》与大家的遇见，能够让我们彼此之间感受到更多的美好。"

抬高别人的同时，也成全了自己。给了别人面子，自己有了里子。

什么是聪明？什么是会说话？这便是了。

所谓"人争一口气，佛争一炷香"，国人自来重脸面。说话办事，与人沟通，给足了面子，无事不成；落了面子，即便是再简单、再易办的一件事也能平生无数波澜，功败垂成。而奉上一顶"高帽子"无疑是给"面子"的最好方式。

阿瑟·柯南·道尔是英国著名的小说家，因创作《福尔摩斯探案集》而名闻全球，圈粉无数，想得到他签名的人比比皆是，但是，真正能得到的却很少。

熟悉柯南·道尔的人都知道，他为人不事张扬，极少，甚至几乎没有给谁签过名，却为一位巴西粉丝破了例。

那位粉丝给柯南·道尔写了一封信，信上说："我很希望从您那里得到一张您的亲笔签名照，我要将它挂在我的房间里，这样，我就能日日见到您，而且我相信，若是有盗贼入室，看到您的相片，肯定会吓得逃之夭夭。"

看过信后，柯南·道尔很爽快地就寄出了一张亲笔签名的照片。

人活一张脸，树活一张皮，都是俗人，谁不愿意被"戴高帽"？谁不爱面子？之所以有些时候给别人"戴了高帽"，还是没什么成效，甚至引人反感，不过是因为"帽子"戴歪了，或者，根本就戴错了。因此，给人面子，戴高帽子，也得因人制宜，量体相裁，大小尺寸都合适，让人戴着舒服、戴着高兴，才能收到想要的效果。

因为业务需要，钢铁大王卡耐基希望能与焦炭大王佛里克达成合作，共同成立一家煤炭公司。

新公司注资200万，卡耐基出167.5万，占50%的股份，佛里克出32.5万，同样占50%股份，公司的日常管理运营工作，由佛里克全权负责。

这样的条件，不可谓不优厚，然而，佛里克的态度却很是踟蹰，甚至，几次三番流露出拒绝的意思。

卡耐基钢铁集团的很多人都认为佛里克有些不识好歹，或者是在故意拿捏，卡耐基却并不这么想。

在决定和佛里克合作之前，卡耐基便仔细观察了他很久，他知道，佛里克是个好强的年轻人，"宁为鸡头，不为凤尾"，他之所以选择拒绝，有90%的原因是害怕公司成立后会挂靠在卡耐基集团的名下，以集团的名义运作，会给人一种佛里克卖了自己的公司投奔卡耐基的感觉，这让骄傲的佛里克很难接受。

于是，卡耐基找到佛里克，先是赞扬了对方几句年轻敢拼、有才有容，之后，直截了当地表示："新的公司名为佛里克焦炭公司。"

果然，佛里克闻言，欣然同意了卡耐基的合作建议。

面子是什么呢？其实不单纯是指脸面，它象征和隐蕴的东西很多。

古人崇礼，有"六经教虽异，凡以礼为本"之言，不知礼，则无以立，而礼则是维系社会秩序、人伦亲疏的根本。人生于世，自有其身份、地位、处事原则与态度，做了不符合身份，有违礼义，有悖于本身荣誉、声名、地位的事情，谓之失礼，对外而言，就是丢了脸面。同样，以言语、行动等各种方式伤害，不顾及他人的声名、地位，不尊重他人，不分场合唐突他人，都能归之为不给面子。

很多时候，很多人，尤其是地位、权势、声名比较显赫的人，多多少少都有些"死要面子活受罪"的情结，如果不关涉原则，不牵连身家性命，在一些小节、小事上，即便吃些亏，被戴了"高帽"的他们也愿意把脸面给自己撑起来。

古时，一位理发师奉命给宰相修面，修到一半时，突然停刀，盯着宰相的肚子怔怔出神。

宰相问他怎么了。他说："我常听人说宰相肚里能撑船，我看您的肚子也不大，这船要怎么撑呢？"

宰相闻言，忍俊不禁，解释说："宰相肚里能撑船是一种比喻，说的是宰相器量大、心胸宽，凡事不爱斤斤计较，大度能容。"

宰相话音刚落，理发师就给他跪下了，一边哭一边说："大人，求您原谅小人吧，小人刚刚为您修眉，不小心将您的左眉刮掉了。"

左眉被刮掉了？这还了得？宰相勃然大怒，正要发作，突然想起自己刚刚还说宰相大度能容，这一发作，岂不是自己打自己的脸，于是，便忍了下来，温和地说："没关系，用眉笔重新画条眉毛就是。"

一顶巧妙的"高帽"，让宰相面上有光，为了面子，为了美名，也不能小气。严重失误的理发师就这样救了自己一条性命。话术之妙，"高帽"之能，由此，可见一斑。

人都是喜欢被赞美、被认可、被推崇的，有了面子，自尊心和虚荣心同时得到满足，无论是谁，内心总是愉悦了。情绪分晴雨，心情好了，人自然"好说话"，易通融，退一万步说，纵便不愿意助人成事，按规矩无法通融，碍于"面子"和"帽子"，终归也不会设卡设绊。

不过，需要注意的是，给人"戴高帽"的时候，一定要注意度，要尊重最客观、最基本的事实，可以略微夸张，但不能太言过其实。

另外，给别人"戴高帽"可以，千万别给自己"戴高帽"，抬高别人就等同抬高自己，可反过来，抬高自己就等于贬低别人，纵便没贬低，自己"戴高帽"独享了荣誉声名、成绩地位，也会让许多人不满、嫉妒、愤恨，而且，还会让人觉得你不够谦虚、不够谨慎、太过骄狂。

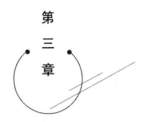

第
三
章

话中见方圆，卿人复卿城

见什么人说什么话

人各有其情，各有其性，喜庆好恶有别，观念心态有异，所以，学会见什么人说什么话，到什么山唱什么歌，一向都是"言值"修炼中的必修课。

从1994年入职浙视起，因为工作需要，25年的时间里，董卿接触了各行各业、形形色色无数人。这些人，有的德高望重，有的青涩懵懂，有的冲动冒失，有的老成持重，有的骄傲敏感，有的耿直暴躁，凡此种种，不一而足，董卿却能游刃其中，准确地把握对方的"兴趣点""得意点"，因人成说，让所有人都如沐春风。

《挑战不可能》节目中，面对脉脉温情、一家相聚的情景，董卿含泪低语："父母在，家就在。"

青歌赛合唱比赛，有一支参赛队伍表演的时候不时会穿插鸟儿清越的叫声，只是成绩却不太理想，事后，董卿也绘声绘色地模仿了几声鸟叫，并软言安慰选手，字字情真。

《朗读者》现场，面对96岁的中医肝胆外科之父吴孟超老爷子，她恭敬而略带几分孩气的话语令吴老笑意连连。

见什么人说什么话，是一种功底，也是一种修养。这不是庸俗化的曲意逢迎，不是堂而皇之的虚情假意，而是人际交往中最科学的态度。说话是为了什么呢？有效沟通！说话是说给谁听呢？别人！

所以，会说话的女人都懂得在真诚相待、互惠互利的基础上"见人说人话，见鬼说鬼话"，这并非圆滑，而是对谈话对象的一种最基本的尊重。

吕晴是某知名大学自动化专业的博士，毕业后，进了本地一家大型机械企业做技术顾问。

刚刚入职的时候，吕晴的人缘儿还不错，但是，过了不到半年的时间，技术部的很多人，尤其是一些年龄偏大的老技术员对她态度十分的冷淡。这让吕晴很是不解。后来，还是技术部的一位同事点醒了她。

吕晴是个性格很柔和的女孩，平时做事也很有分寸，之所以不讨人喜欢，问题就出在嘴上。

毕业之前，她在大学里接触的都是自动化领域的顶尖人物，大家交流讨论的也都是很专业的问题，说话自然很"有范儿"，用语也都很专业。但是，企业里，很多技术精湛的老技术员其实并不是科班出身，就算是年轻的技术员，在专业领域的研究也不是特别深入，而吕晴平时和人交流的时候，满口的专业用语，有时候，大家都听不懂她说什么，久而久之，难免就有人觉得她这个人太"爱装"，喜欢"炫"，对她自然敬而远之。

著名语言学家吕叔湘先生说："此时此地对此人说此事，这样的说法最好；对另外的人，就应该用另一种说法。"

同样的意思，面对不同的人，要以不同的方式来表达。同样的话语，对不同的人说，起到的效果自也截然相异。

举个最简单的例子，你问一个农村老大妈："您有没有配偶？"她大概很难听懂；同样的，你要是和一位很有身份又彼此并不熟悉的男士勾肩搭背，说什么"哥俩好""出来混"，他肯定也会极为不适。

《鬼谷子·权篇》有云："与智者言，依于博；与拙者言，依于辨；与辨者言，依于要；与贵者言，依于势；与富者言，依于高；与贫者言，依于利；以贱者言，依于谦；与勇者言，依于敢；与过者言，依于锐。"

不同人，付之不同声；因人因事成说，因性因情用语，无须事半，亦能功倍。

一位外交官在面对以铁腕强势、难以亲近著称的埃及前总统纳赛尔的时候，没有因循着交际礼仪去恭维赞美，甚至都没叫一声"总统阁下"，而是说："请原谅，我更乐于称您为上校，而不是总统，因为我曾经也是军人，也在英国打过仗。"

一句话，看似不太"尊重"，却让军人出身，并以成为一名军人为荣耀的纳赛尔很是高兴。

之后，这位外交官又顺着"梯子"，和纳赛尔聊了聊戎马生涯的铁血、壮烈、兄弟情，最后，他说："英国人骂您是'尼罗河的希特勒'，我不太认同，我读过您的《革命哲学》一书，我觉得相比于实力至上的希特勒，您很随和，充满幽默感。"

很简短的话，甚至提及了纳赛尔被骂的"不光彩"往事，然而，对领导着埃及人民对抗过英法侵略军且带领埃及人民赢得自由战争胜利的纳赛尔而言，这种骂名，不是污点，反而是勋章。

外交官的话，正好搔到了纳赛尔的"痒"处，二人相谈甚欢，一番恳切的交谈后，纳赛尔也很爽快地答应了外交官提出的外交请求。这也是外交史上，纳赛尔最痛快的一次应允。多少年过去了，仍被人津津乐道。

面对不同性格、不同成长经历、不同文化程度、不同社会阅历的沟通对象，会说话的女人总能恰如其分地把握好说话的分寸、语气、对话方式、"雅俗"程度，有的放矢，灵活应对：对待骄傲自恃的人，正面恭维，给足颜面；对待敏感内敛的人，婉言柔语，含蓄传情；对待性格耿直的人，有一说一，有二说二；对待脾气急躁的人，开门见山，不墨迹，不拖沓；对待文化程度不高的人，说话随意、接地气、千万别掉文；对待聪明人，可以适当地表现自己的博学，但切忌不懂装懂；对待势弱的人，谦虚平和，注意维护对方的自尊；对待上位者，外圆内方，恰到好处的应和与奉承最应景；对待强势善谈的人，不抢话，不多话，善于倾听，言简意赅；对待率性且能力强的人，少恭维，少吹捧，直来直去更有益。

总而言之，会说话的女人最懂"看人下菜碟"，根据不同的场合、环境、对象、关系，审时度势，机巧应对，对不同的人采取不同的沟通策略，刚柔相济，随机应变，言来语去，最能契人痛点，合人心思，如是，不知不觉，便已"人见人爱，花见花开"，做起事来，自然也便水到渠成。

赞美是赞美者的通行证

岁月无情，却也多情，忘却了辗转浮华的郁郁葱葱，铭记的，永远都是言来语外美德的影。

赞美是赞美者的通行证，尬夸是尬夸者的墓志铭，言值的世界里，从来都没有太匆匆，有的，只是沉淀在成长里的优容。

谁不希望被赞美、被夸奖？谁没有那么一点点的虚荣？

日常生活与交际中，夸人已经成了最不可或缺的一项沟通技能，无论什么时候，会夸人、会赞美的女人总是最受欢迎。

《朗读者》第二季，邀请了国家话剧院演员、知名影星陈数。

陈数演过很多电视剧、电影，最为人津津乐道的还是那倾城绝艳、用青春搏了一场华丽的苍凉的白流苏。

生活中的陈数，一如剧中的白流苏，"一个人像一支队伍，对着自己的头脑和心灵招兵买马"，柔和却坚强，知性且优雅，"不气馁，有召唤，爱自由"。

镁光灯下，与董卿并立的她，芬芳依旧，毫不逊色。

作为主持人，例行地夸赞一下嘉宾似乎已是题中之义，但要把夸赞的话说好，其实也不是一件容易的事情。

陈数是知名影星，一直都活在鲜花与掌声中，诸如"你很漂亮""我很崇拜你""你的演技真棒"之类的赞扬，她听了不知道多少次，早就免疫了。会说话如董卿，自然不可能夸得如此"大众"，她赞美陈数，说："真正的美人，没有年龄感，更无惧岁月，因为增长皱纹的同时，她更增长了智慧。"

对已经年过四十，经历了太多沉浮的陈数来说，这样的赞美无疑更中肯，更真诚，更让人动容。

事后，有不少网友将董卿与陈数放在一起比较，有人说她们是绝代双姝，有人说陈数气质更好，有人说董卿优雅芬芳，彼此争论不休，互不相让，有人就此采访了董卿，问她怎么看，董卿没有多说，只说了一句："我认为陈数才是优雅女人的典范。"

每个人都有被关注、被期许的潜在欲望，赞美的目的不外就是在沟通的过程中发掘这种欲望，另起发酵，并恰如其分地进行利用。

说起来简单，但做起来却很难。

赞美不是一味地奉承，不是人云亦云地说些漂亮话，千篇一律的赞美只会让人厌烦，夸张造作的奉承更让人满心生厌，真正会赞美的女人都懂得，赞美的话要说到对方的心底，挠到对方的"痒"处，若做不到，与其尬夸，不如不夸，毕竟，很多人，很多时候，一不注意就能把赞美的话说出损人不利己的味道。

22岁的芸芸是个五官相当精致的女孩，个子高挑、身材苗条、打扮也很时尚，就是皮肤有些黑。

小时候，同学们就给她起绰号，叫她"黑美人"，长大了，虽然心态成熟了不少，但对自己的肤色，芸芸仍有些耿耿于怀。

有一次朋友聚会，闺密给芸芸介绍了个条件很不错的男孩，两人聊了一会儿天，男孩就赞了一句："你真漂亮，电视上的明星都比不上你，就是你的肤色有些黑，算是美中不足吧。"本来嘛，听到前面两句，芸芸还挺开心，觉得这个男孩会说话，可听到后面，脸彻底黑了。

赞美是一门极深的学问，不是所有人都能游刃有余地掌握，掌握不好，失了分寸，不仅不能达到有效沟通的目的，还有可能被当成是嘲讽、讽刺，适得其反。

所以，夸人这种事，也得讲究些技巧、方法。

首先，选择一个好的赞美角度。

要夸赞一个人，可以选择的角度有很多，外貌、性格、家庭、爱好、事业等，不一而足。无论哪个角度，只要合适，都能拿出来赞一赞，尤其是他／她最喜欢、最感兴趣的，最自信、最引以为傲的，以及他／她最不自信、最引以为憾的方面。

举个最常见的例子，要赞美一位年已耄耋的老人，除了和他／她一起"想当年"，夸夸他／她当年的"丰功伟绩"，最万金油的夸法就是夸他／她年轻，夸他／她"比四十岁的人看起来还精神"，说他／她"根本就不像这么大年纪的"。

人其实都有一种奇怪的天性，得不到的，缺失的，才是最好的。因为不年轻了，所以，老人们最喜欢的便是有人赞美他们年轻；因为身材不太好了，所以，很多中年妇女都喜欢被夸赞身材好；因为对自己没什么自信，所以，在被发掘出闪光点的时候，不自信的人才更受用，甚至惊喜异常。

其次，赞美要赞到实处，具体到细节。

"您真漂亮！"

"您看上去越来越年轻了。"

"您真是年轻有为。"

……

类似这样的话，无论是谁，听得多了，难免都会有些厌烦。

人有千般，性有万种，地位分高低，年龄分长幼，"大众化"的赞美固然没什么不好，但更切合对方实际情况、凸显对方个性和志趣的赞美，无疑效果更好，也更显诚意。

譬如，赞美一个女孩漂亮，与其说她"倾国倾城，美若天仙"，倒不如说她"眼睛特别有灵性""鼻子最秀气""笑起来的样子最明媚"；赞美一位女性有气质，与其说"您的气质真好"，倒不如说"比起某某名人，您的气质更雍容"。或者，具体一点，"这件礼服，只有您穿，才能穿出这样的气质，我之前见到许多人穿，比起您，气质都差远了"。

如此这般，既不显得做作，又能夸到人的心里。

另外，赞美别人，也不一定非得直截了当地说出来，有的时候，委婉一些，含蓄一些，把赞美落实到平凡的叙述中，具体到某件只有你知他/她知的大事或小事上，效果会更好。

自从"咏别"，那个荧屏上风趣幽默的男人便成了许多人追忆的对象，各方各面溢美之词不断，作为李咏曾经的搭档，董卿没有直白地夸赞什么，而是回忆了一件往事。

她说，有一年春晚，自己穿着高跟鞋上台，结果，一不小心，细细地鞋跟卡进了舞台的夹缝里，怎么拔也拔不出来。报完幕，发完言，主持人们陆续下台，董卿却一个人站在那里，想走走不了，想留留不下，特别尴尬。幸好，李咏看到了她拔鞋的小动作，蹲下身，帮她拔出来，给她圆了场。

说这些时，董卿眼中泪光涟涟，她没赞美什么，却又把李咏的高情商、贴心、细心赞到了极致。

再次，赞美要真诚。

其实，赞美的话说得好听不好听，到位不到位，都是次要的，最重要的是，赞美别人的时候，一定要真诚，要由衷，要发自内心。

说到底，人们之所以喜欢听好话，喜欢被赞美，不过是因为渴望被认可、被赞同的感觉。

所以，若不是真心认可，只是为了赞美而赞美，泛泛而言，浮夸轻佻，那还不如不夸，起码，不夸不会得罪人。

记得朋友圈里曾传过这样一件事：一位女士在聚会上见到一个在出版社工作的帅气男士，为了给男士留下好印象，便赞美男士"知识渊博，才华横溢"，还说"曾经拜读过您的多篇作品"，但男士却告诉她，自己在出版社负责校对工作，从未发表过文章，也不会写文章。彼此之尴尬，虽未亲见，却也能想象。

赞美赞到了歪处，彻头彻尾成了恭维、拍马屁，甚至是例行的虚应故事，也便失了良药的作用，分分钟变毒药，腐蚀人际关系。

最后，分享几个万金油式的赞美小技巧。

赞美的时候，学会设置些悬念，用些"小手段"，先扬后抑，先抑后扬，曲中见直等，效果很不错。

譬如，老友见面，先佯装犹豫、迟疑："好久不见，你又……"话说一半，吊住对方，在对方诸多猜疑，甚至有些小紧张的时候，再笑着补充下半句："你又变漂亮了 / 变帅了 / 变白了 / 变瘦了"，很多时候，都能收到意想不到的效果，既赞美了别人，也活跃了气氛。

当然，若是亲爱的你性格内向，自忖不太会说话，又或者不愿意花费太多的精力来练习赞美的技巧，也没关系，说话的时候多用下这样的套句："你是我见过的最（美丽 / 善良 / 可爱 / 睿智）的人""我从没见过比你更（聪明 / 善解人意 / 帅气 / 成熟）的人""现在这社会，像你这样（孝顺 / 诚实 / 敬老 / 尊重 / 谦虚）的人已经很少了"。纵便不能百试百灵，但总不会引人反感就是。

以"激"代"请"，妙用激将法

古时用兵，智勇兼备，三十六计，七十二法，妙计无千般，败将有术；今日社交，不见硝烟，千绪万端、话术百出，胜战之策，最妙者，莫如激将。

激将法，是很常见的一种话术技巧，是通过话语对人各种情绪中的"积极"一面进行刺激，从而达到某种沟通目的的沟通方法。运用得宜，很多时候，都能收到意想不到的效果。

央视名嘴董卿就是一位激将高手。

《梦想合唱团》在北京举办过一场发布会，邀请了龚琳娜、林志玲、林宥嘉等多位明星现场助阵，董卿担当主持。

发布会上，歌手龚琳娜兴致勃勃地向嘉宾们传授发声技巧，还以神曲《忐忑》为例做了示范，还现场吊起了京剧腔，"啊，啊，啊……"地逗乐了现场很多观众。之后，还怂恿董卿、林志玲试一试。

众所周知，林志玲走的一向是娇柔路线，说话声音都"嗲嗲"的，让她豪放地吊京剧腔，唱高音，委实是不太容易。

　　"请将"请不动，董卿微微一笑，开始"激将"，她说："这个我试不难，但要是换成林志玲就有点难，我觉得吧，她这辈子都发不出这样的声音。"

　　闻言，林志玲很是不服气，现场就"啊啊啊"了几嗓子，硬是把高音唱出了柔弱的低音范儿，让人忍俊不禁。

　　激将多奇效，可是想要成功激将却不是件简单的事情，最起码，语言的运用需得炉火纯青。不能毫无锋芒、不痛不痒，也不能锋芒太盛、咄咄逼人；不能软软糯糯、太过好气，也不能尖酸刻毒，引人反感；褒贬扬抑，适量适度，要掌握好分寸；否则，便不是激将，而是激怒了。

　　惠敏是一家超市化妆品专柜的导购，入职时间不长，销售成绩略显惨淡。

　　周末，超市全场促销，惠敏所在柜组的所有商品也一律打了八折。

　　近中午的时候，柜组来了一位中年妇女，她看中了一套保湿效果不错的化妆品，只是，3288的价格贵了些，女士有些犹豫。

　　见状，惠敏走过去，笑着把化妆品天花乱坠地夸了一顿，然后说："您买这套，绝对物超所值，这套非常适合您，您还犹豫什么呢？是不是经济上有些困难？我和您说，和您年龄差不多的女士都买这套，有的一月拿两套，您要是手头真的有些紧，我们可以提供分期……"

　　本来嘛，惠敏是想用用"激将法"，是人都爱面子，说不定就咬牙买了，可是，她说的话明显欠妥，就差直接说人家穷、没钱、买不起了。女士当场就火了，和惠敏大吵一架，还投诉了她，事后，惠敏被领导狠狠地批评了一顿，还扣了半个月的奖金。

其实，惠敏激将的想法并没有什么可指摘的，销售行业也好，其他行业也好，与人沟通时，因激将而成事的比比皆是，只不过，她激将得太直白，太缺乏技巧。这位女士既然犹豫，就说明她有购买的欲望，只是还下不了决心，做导购的，完全可以在她犹豫的时候，适时地插一句："您要不要征求下您先生的意见再做决定？"一般情况下，出于自尊心，女士都会回答自己能做主，不用和谁商量，为了"证明"这一点，她极有可能不再犹豫，直接刷卡付账。

以"激"代"请"，从根本上来讲，其实是对人自尊、自信、自卑、羡慕、嫉妒等心理以及喜怒哀乐等各种情绪的一种引导和激发。这种引导，可主动，可被动，可激烈，可委婉，但一定要适度，同时，也要注意方法策略，对不同性格、不同年龄、不同阅历、不同地位的人采用不同的激将法，切忌千篇一律。毕竟，一副药，即便再神效，也治不了百病。因人而异，对症而激才是最稳妥、最见效的方法。

黎丽是一家机电公司的副总。5年前，因为对市场判断失误，公司引进了一套先进的设备生产线，但因为技术力量和资金不足，一直闲置着。最近，公司资金周转有些困难，黎丽就想把这套生产线卖出去。恰好，另一家机电公司有意购买，双方很快就进入了正式洽谈阶段。

洽谈开始后，黎丽首先对对方企业的管理水平和生产水平由衷地进行了肯定，双方交谈甚欢，很快，话题就转到了生产线转卖的问题上。黎丽的心理期望价格是 2000 万，而对方给出的价格却只有 1000 万。1000 万，连成本价都不够，明显是在趁火打劫。黎丽心里有些生气，面上却不动声色，而是笑着对对方的谈判代表说："黄总，贵公司资金雄厚、家大业大、魄力十足，我们这些小打小闹的肯定是比不上。说实话，我很佩服贵方的魄力，只是我们实力太弱，奉陪不起，我看，转卖生产线这事儿，还是算了吧。"对方一听，立即转变了态度，报价 1500 万，之后，双方你来我往，价格被拉升到了 2100 万，黎丽的预期目标已经达到，也便见好就收。

之后，双方谈起了支付方式，黎丽没有开门见山，而是对黄总说："您看，设备的事基本上就这么定了，细枝末节的事情咱们可以慢慢协商，我现在就有两个疑问，第一，听说贵公司三个月前刚刚做了一个大单，不知道资金方面是否还充裕？第二，我方的这套生产线是国际一流水准的，需要专业人员来操作，不知道贵公司有没有这方面的技术储备。"黄董一听，当即就有些不高兴，这不是瞧不起我们公司的实力嘛，于是，向黎丽很是炫耀了一番自己公司的经济与技术实力，最后拍板决定，付款时，全款全额，一次性付清，无需分期。

谈判后，庆功会上，有同事好奇地问黎丽，怎么让黄总"就范"的，黎丽笑着说，洽谈之前，她就了解过，黄总是对方公司的实际决策人，权力很大，性格骄傲，略有些自负，还有些争强好胜，最听不得酸话怪话，不容人否定，最厌恶被轻视。所以，在谈判的时候，她两次激将，第一次用反语激将，明是说对方"有魄力"，实际上却是指责对方"贪得无厌""小家子气"；第二次直戳痛点激将，看似是在问对方资金充不充裕，实际上是在"质疑"对方的实力，心高气傲的黄总肯定受不了。于是，"激将"成功。

激将的方法有很多，反将、正将、暗将、明将，凡此种种，不一而足。但是，无论使用什么方法，本质上，其实都是对对方情绪的一种诱导，利用的是对方的感情、心理。

激将成功的前提是你多多少少都得对对方有所了解，否则，盲目激将，很可能会弄巧成拙，酿成恶果。譬如，和某个陌生人沟通时，你正面激将，说了些"带刺"的话，而这个人属于抑郁性的性格，敏感多疑，心思格外细腻，那你的激将就真的成了一根"刺"，刺痛了对方，让对方生恼，下意识地排斥、抵触你，如是，便得不偿失了。

总而言之，激将是实用法，但不是万能法，运用时，总会有风险。所以，亲爱的，在日常社交实践中，一定要注意激将的适度，因人而异，对症而激，不要盲目、不要乱用滥用，也不要常用。应景的时候，找准时机，恰当地对对方的情感，情绪进行引导、诱发，这才是真正聪明人的做法。

把"谢谢"说得诚恳动人

前段时间，朋友圈被一则微博小故事刷了屏。

雨后初晴，天气泥泞，一辆进口劳斯莱斯在乡村泥泞的土路上抛了锚，妆容精致、一身定制名牌的女车主焦急万分，周围围观的村民不少，但是愿意帮忙的却并不多。

女车主急中生智，从随身的挎包中拿出一叠钞票，说："谁爬到车底帮我把松掉的螺丝锁紧，这些钱就给谁。"人群有些动摇，可还是没人站出来。女车主更急了，刚想加价，一个十一二岁的男孩站了出来："我来帮你吧，阿姨。"

锁紧螺丝其实是件很简单的事情，很快，在女车主的指挥下，螺丝就被锁好了。

土路泥泞，从车底爬出来的男孩身上沾满了泥巴。

见状，女车主有些嫌恶，赶紧把钱递过去，准备等男孩接了，就马上走，但是，男孩却摇头拒绝了。

"嫌少？"女车主皱眉，"已经不少了，小孩子不能太贪得无厌。"

男孩摇摇头："阿姨，我不要你的钱，老师说，帮助别人不需要报酬。"

女车主疑惑："你不要钱，要什么？"

男孩抬起头，很认真地看着女车主："阿姨，你要和我说'谢谢'啊。"

不知道从什么时候起，"感谢危机"在我们毫无察觉的情况下悄然来袭，曾经纯白的种种也被渲染得斑驳陆离；我们越来越独立，越来越坚强，却似乎忘了，所有的生命都是相互依存的，世界的处处、生活的点滴、太多的"恩赐"毕集，我们需要学会感恩，也应该感恩，但绝大多数时候，很多"恩赐"都被当作了义务；绝大多数时候，说声"谢谢"似乎已变得比任何事都艰难，殊不知，没有哪一种帮助是真的应当应分、理所当然。

日常生活与工作中，出于害羞、内向、傲娇、爱面子等种种原因，愿意诚恳地对他人说声"谢谢"的人越来越少，却不知道，相比于物质的酬答，有些时候，它最能触动人心。

董卿说："学会感恩，人生一定一帆风顺。"

2017年感恩节，董卿含泪献唱了一首《感恩的心》，句句情真，感动了很多很多人。

岁月流岚婉约了她的芳华，风风雨雨，坎坎坷坷，四十多年的人生里，董卿挂在嘴边、说得最频繁的话，就是"谢谢"。

舞台上，她端雅地说"谢谢"；生活中，她深情地说"谢谢"；工作时，她郑重地说"谢谢"；短短两个字，却给无数的人带去过感动、惊喜与温暖。

《朗读者》第一季收官后不久，同名新书也随之上市，销售火爆。

董卿给每一位嘉宾都寄去了一本样书，并在书的扉页上，郑重地写下了"XXX（嘉宾名字），谢谢您"三个字。礼物不贵，这份心意和感恩的情怀却弥足珍贵。

挪威作家、《苏菲的世界》撰写者乔斯坦·贾德说："没有人天生该对谁好，所以我们要学会感恩。"所有广受欢迎的人，身上都闪耀着感恩的特质，而对别人说声"谢谢"，无疑是最简单也最有力的感恩方式。

无论是谁，都希望被尊重、被认同，而不是被忽略、被漠视，或者，"应该做"这个词永远都不能理直气壮地被冠以任何人，所以，享受服务、受到帮助的时候，请真诚地说声"谢谢"，这不是强求，而是最基本的礼貌。

需要注意的是，说"谢谢"并不是例行公事，也不是为说而说，敷衍的感谢毫无意义，唯有发自内心由衷的感谢才最动人。

那么，怎样才能把"谢谢"说得动人呢？

首先，语气要诚恳，语调要清晰有力。

即使你再害羞，表达感谢的时候，也请高声一些，吐字清晰一些。蚊子叫一般轻声说出的感谢，总会给人一种不太诚恳的感觉，就好像，你并不是真心要道谢，而只是碍于情面、碍于礼貌、碍于一些其他原因而不得不道谢一样。

其次，道谢要有针对性，要具体。

"谢谢"从不是广而泛之的赞美，而是一种真实的、针对某些人的情感流露，所以，道谢的时候，一定要指名道姓，说清楚要感谢的人，哪怕，要感谢的人有好几个。

张杰和李芸都是宏大地产南京分公司的销售员，属于同一个售楼小组，也都是新人，在工作过程中，两人都得到了其他老员工的帮助。所以，想在小组的庆功宴上，表达一下谢意。

"谢谢大家一年来对我的帮助，所有感谢都在酒里，我先干为敬。"

这是张杰在道谢。

"王哥，谢谢您，谢谢您为我介绍了不少客户。""刘姐，谢谢您，这一年，您像姐姐一样关心照顾着我，我很感激您，谢谢。""胡叔，谢谢您，那次去见客户，我犯了错误，要不是您，我肯定得坏事，真是太感谢了。"

这是李芸在道谢。

庆功宴后，小组的其他成员，对李芸的态度明显要更亲切、更真诚，也更愿意给予她帮助。

其实，这也是人之常情，每个独立的个体都有被重视、被尊重的本能，谁都不愿意被笼统地归类成"大家"。

最后，要给"谢谢"的"面包"配罐"果酱"。

一声真诚的感谢固然令人觉得温馨，但难免显得有些单薄无力，所以，在道谢的时候，不妨多给谢谢的"面包"配罐"果酱"。比如，送件精致的小礼物；比如请对方吃顿饭等等，既显亲密，又显真诚，还不会因为过度感谢或者感谢太物质化而引人反感。

"谢谢"是女人最美的甜言，懂得感恩，时常感谢，亦是最容易拉近人与人的距离、增进人与人感情的方式，若你想做个社交圈里光芒万丈的姑娘，就先学着去说"谢谢"，并努力把"谢谢"说得动人吧。

甜言是女人最美的"唇彩"

每一个会说话的女人，都收藏着一支名为"甜言"的唇彩，需要的时候涂抹一点儿，便能晕开一片甜美的"泥沼"，陷进去了，便无法自拔，且越陷越深，谁都抗拒不了。

《中国诗词大会》第三季总决赛，杭州外卖小哥雷海为战胜北大硕士彭敏，逆袭登顶，似乎出人意料，却又在意料之中。

作为主持人，董卿见证了雷海为一路走来的艰辛与风采，也了解他成功背后十数年如一日的坚持与付出。

他在浮世的艰难中做到了最好的自己，董卿也不吝于用最美的"甜言"为他助攻，给他肯定。

她语音清甜，话语也清甜。她对雷海为说："我觉得你所有在日晒雨淋，在风吹雨打当中奔波和辛苦，你所有偷偷地躲在那书店里背下的诗句，在这一刻都绽放出了格外夺目的光彩。"

她说："你在读书上花的任何时间，都会在某一时刻给你回报。"

董卿的话，没有多少恭维的成分，却多了几分最真诚的赞美，不是天花乱坠、甜得腻人的糖衣炮弹，对雷海为来说，却是最美的甜言蜜语。

每个人其实都颇为感性，比起冷冰冰、既生且硬的话语，涂上了一层蜜色的甜言总让人更受用，哪怕明明知道，别人的话语中多少都有恭维的成分，但被甜言攻略的你我却仍愿为那巨大的满足感和愉悦感而甘之如饴。

情绪对人的影响之大永远都远超我们的想象，同样是与人沟通、寻人帮忙办事，对方是愠怒还是喜悦，是恼恨还是开心，是不情愿地被动还是热切且主动，沟通的效果、办事的效率差距其实极为巨大。所以，会说话的女人，总会在恰当的时候在自己嘴上抹点儿蜜。

林斐到某地产集团去推销本公司的办公用品，负责后勤的柳副总接待了她。

见面后，林斐并没有火急火燎地切入正题，和对方谈生意，而是恰到好处地打量了下办公室，称赞说："您真有品味。您这间办公室，布置得既低调又有内涵，我想您一定是位谦逊有修养的绅士。"

闻言，经理笑了笑："您谬赞了，我不懂什么，就是附庸风雅而已。"

林斐却摇摇头，反驳说："您太客气了，虽然我比较外行，好在走南闯北也见过不少世面，您这里的布置，我还是能看出点儿门道的。比如，我坐的这个沙发，是欧洲王室高级定制款，低调奢华，不是有钱就能买到的，这是地位和品位的象征。还有这个……这个……"

林斐的话让柳总越听越舒服，忍不住站起身来，略带几分炫耀地带着林斐参观了整个办公室，从办公室的装修讲到颜色搭配，从颜色搭配讲到整体设计，从整体设计讲到家具的选择与布置，越聊越是投机。林斐时不时送上几句甜言，更让柳总颇为受用，最后，林斐仅是"顺带"提了一句自己来访的目的，柳总就很痛快地签了单子，决定以后公司所有的办公用品都从林斐的公司购进。

甜言是放诸四海都实用的沟通技巧，人人都知道，人人都受用。

生活中，工作中，适当地给自己加点儿蜜，惠而不费，何乐而不为。说得直白些，为人处世、沟通交流，嘴巴甜一点，总没坏处。

别说你木讷不会说话，不会讲"甜言蜜语"，实际上，所谓"甜言"并不一定是多么有文采多么炫彩的话，一句普普通通的"你好吗"，一句满怀关切的"有我在"，一句温温纯纯的"我懂你"，亦能甜进人心里。

郑齐和前女友分手后，经人介绍，认识了晓琳。

晓琳是个有点儿内向的女孩，长相普通，个子中等，颇有些其貌不扬。

起初，郑齐对晓琳的感觉淡淡的，态度也不冷不热，似乎两个人走在一起就是为了江湖救急，为了应付一下那些总爱问"结婚了吗""有对象吗""老大不小了，怎么还没个对象"的七大姑八大姨，但渐渐地，郑齐"沦陷"了。

郑齐心情不好的时候，晓琳会轻轻拥抱他一下，说："会好起来的，别伤心。"

郑齐颓废沮丧的时候，晓琳会一脸关切地看着他，轻声问一句："你好吗？"

郑齐犯了错，被批评，被指责，晓琳会悄悄塞给他一张纸条、安静地给他发个短信，上面只有一行字："我会陪在你身边。"

郑齐事业成功，被簇拥，被赞扬，晓琳会带着崇拜说："你真棒。"

郑齐对晓琳说情话，和她一起出去约会，被感动的晓琳会悄咪咪地说："我爱你。"

于是，两人的感情迅速升温，一年后结婚，至今，流岚七载，恩爱如初。

交际，是两个人的互动，不是一个人的沟通，哪怕亲密若父母、爱人，也耐不住永远的一厢情愿，受不了得不到同等回应的冷冰冰。

一生很长，也很短，与其活在被说三道四的惶恐中，害怕尴尬，害怕几句甜言说出口，就会被认为是拍马屁、是矫情、是厚脸皮，倒不如坦坦荡荡、大大方方地告诉全世界："我的嘴巴就是比你甜，我就是爱在说话的时候抹点儿蜜。"

转移话题，是个技术活儿

言如行路，步履匆匆，路有偏折，言有迷踪，走偏了、走错了，走远了、走岔了，终归难免；说错了、说偏了、说远了、说岔了，毕竟寻常；偏了、错了，走进了死胡同？冷了场，再也尬聊不下去？没关系啊！转身，重新选一条路，巧妙地换个话题，继续走、继续聊便是。

《朗读者》第九期，主题为"家"，中科院院士、大国工匠、中国著名焊接专家潘际銮老先生是受邀嘉宾之一。

潘老不是个特别博学的人，但是，一生只专注一件事的他身上却有一股无言的魅力，谈到家，潘老说了很多，只是，聊着聊着，潘老的话就跑得有些偏了，注意力全都集中到了工作上，兴之所至，还会讲讲焊接工作中的技术性难题，反而把"家"这个主题给忘了。

面对这样的情况，董卿没有急躁，也没有生硬地去切话题，而是静静地听着潘老的讲述，在老人家有感而发，说技术上的工作自己比谁都清楚，但是家务事绝对是什么都不清楚时，董卿适时的以一句"家务事您不清楚有人清楚"将话题引到了潘老的老伴儿身上，进而重新谈起了家。

诸如此类不着痕迹、妙到毫巅的话题转换，在董卿的主持生涯中发生过很多次。

《朗读者》第三期，演员徐静蕾应邀而来，访谈环节，她没按台本走，聊了自己的事业，也聊了自己的爱情，眼看着有些"刹不住车"，董卿以一句"爱情很美满，所以恋爱不结婚也是你的一种选择吗？"将话题拉回了"选择"这一主题，既巧妙又不显唐突。

日常交际交往中，出现误解，出现你说东我说西、话不对题的情况其实很正常，话不投机的情况更比比皆是。有的人，面对这种情况，能游刃有余地化解，果断地切换话题，有的人却很固执，明知道是在尬聊，还一条歧路走到黑，惹人不悦，自己也没落实惠，这委实有些不智。

智者，不失人，也不失言，无论何时，无论和谁沟通，都能审时度势，临场应变，因人因时制宜，悦人悦己。

江菡白手起家，创建了一家大型日化集团，家资数十亿，但为人却十分俭省，不事奢华。

一次商务聚会，闲聊的时候，大家聊起了房子，江菡坦言，自己一家还住在十年前买的三居室里，并没有购置别墅。

一个有些冒失的女伴就问："你留着钱干什么啊？我有几个朋友，身家还不到你的十分之一，别墅都买好几套了。"

此言一出，场面就有些尴尬，尤其是，在场真有那么一两位别墅有几套但身家并不丰厚的。江菡却只是微微一笑，略有些不好意思地说："其实吧，我也想买别墅来着，可是，我从小就路痴，一不小心就迷路，我担心，买了别墅，我会经常找不到自己房间，得麻烦我老公天天领路。"

江菡的话，引起一片善意的笑声，原本尴尬的话题也自然而然就被引到了"迷路"和"老公"身上，气氛重新变得和缓，一片融融。

爆表的固执并不是什么惹人欢迎的美好品质，灵活机变、会转移话题的女人才最可爱。

就像江菡，她应时应景、换个角度、毫无痕迹地转移话题的手段就很高妙，只是，这种手段，并不是所有人都能做到。不过，在话题跑偏或者冷场的时候，只有按部就班地耍耍程咬金的"三板斧"，简单直接，却很有效。

第一"板斧"，将错就错。

误会的发生、矛盾的积累，绝大多数时候都源于道听途说，源于猜疑与过分解读。

马有失蹄，人有失口，错误的时间说了错误的话，无论是你对别人说的，还是别人对你说的，其实都没什么，能不能愉快沟通下去的关键，从不是这句错话，而是你能不能将错就错。

很多时候，出于善意，"曲解"一下话语原本的意思，既能缓解双方的尴尬，又能拉近彼此距离、显示己方良好的气度与教养，两全其美。

举个例子，三个女孩一起聊天，女孩 A 和女孩 B 初次见面，为了融洽气氛，就恭维了 B 几句，赞她"漂亮"，不料女孩 C 性格比较莽，脱口就说了一句："她哪里漂亮了？"气氛瞬间降到冰点，B 沉了脸，似乎马上就要发作，A 哈哈一笑，将错就错，说："哪里都漂亮啊，鼻子、眼睛、耳朵、嘴巴，都很漂亮，尤其是化现在这个淡妆，非常衬五官，我都羡慕死了。B，和我们说说你化妆的秘诀呗，求你了。"

一场即将爆发的冲突就这样消弭于无形，话题也被转移到了"化妆"上，A 的将错就错，可谓恰到好处。

第二"板斧"，巧用幽默。

因为见识、见解、性格、价值观等的不同，在某些方面，人与人之间总会发生分歧，意见不统一是经常的，为此发生冲突，甚至发生激烈的争执也屡见不鲜。

这个时候，幽默一把，用诙谐的语言化解尴尬、转移话题，很见奇效。

如果你是争执的双方之一，冷静了下来，不愿意再争执下去，可以笑着自嘲自贬，风趣地打个圆场，递个台阶，先"认输"，让自己下台，也让对方下台，然后，借着争执的焦点，巧妙地引申，换一个新话题。

如果，你是旁观者，想要"劝架"，并不是争执的双方之一，那么，要转移话题，最好是因时即事秀秀幽默，千万别生硬地说什么"别吵了"，或者惯性地当"老好人"，说什么"你有道理，他／她也有道理"的话。

比如，午饭前，两个同事为一个物理问题针锋相对地吵了起来，你可以瞅准时机，适时插话说："两位，这个问题太专业了，牛顿来了都不能立马解决，咱们还是先去吃午饭吧，就吃用砸了牛顿脑袋的苹果做的苹果派怎么样？"午饭之后，饭前的争论，基本上不会再被提及，就算是有个别执拗的，争论持续，因为情绪最激动的时候已经过去，也会变得心平气和。

第三"板斧"，避实就虚。

沟通的时候，冷场了，或者被问到了一些比较尴尬、难以回答的问题，别较真，别"傻乎乎"地为回答绞尽脑汁，有的时候，避实就虚，含糊过去，迅速转化新话题，反而不失为良策。

比如，刚入职的新员工被领导问及某一领域的专业知识，员工本身并不精擅，但是，当领导面，却不能直截了当地说"不会""不知道""没接触过"，便可以说："我以前涉猎过，但是涉猎不多。"

当然了，避实就虚的本意是缓解尴尬，将一些敏感的，容易对个人、对他人造成负面影响的话题含糊过去，而不是明目张胆地鼓励撒谎。说到底，这只是一种话术，偏重的是方圆之道中的"圆"，而不是一种赞扬投机、支持耍小心眼的"毒鸡汤"。

懂得倾听，方能声情并茂

　　静聆暖阳，听花缓缓绽开的声音，是对春最大的尊重；默待烟雨，听叶飘落的潇潇，是对秋最温婉的回馈；倾听，是一种虚怀若谷、怀善谦和的姿态；倾听，亦是一种不可拒绝的生存态度；比起只顾自己的高谈阔论，默默地倾听更显涵养，也更能取悦沟通对象。毕竟，对他人述说自己是人的天性，被打断、被敷衍总会不高兴，因而，在现实生活中，懂得倾听、善于倾听的女人总是最受青睐。

　　继《中国诗词大会》之后，董卿亲自策划、指导、全程跟进、主持的节目《朗读者》再度刷屏，成为现象级的文化景观。为此，2017年夏，"大学生电视节"举办期间，应母校华东师范之邀，董卿特地飞回上海，参加了"朗读者现象讨论会"。

　　作为当之无愧的主角，董卿在座谈会现场却显得极不起眼，整整一上午的时间，她都托着下巴，全神贯注地听着与会其他专家、学者、业内人士的发言，边听边做笔记，即便是对某些意见并不十分认同，也没打断过任何人。

在倾听的过程中，她记录下了专家们给出的中肯建议，也记录下了大家提到的一些问题，积极思索，认真考量，在轮到她发言的时候，一一做出了简短、有力且条理清晰的回应，让所有人都感觉到了被重视、被尊重。

倾听不是一种本能，却能在流年中被沉淀成惯性，当习惯使然，习惯也便成了本能。

著名哲学家苏格拉底说："上天赐人以两耳两眼一口，欲使其多闻多见少言。"很多时候，比起露骨的谄媚，倾听才是最无言的赞美，真正健谈者，倚赖的从不是一张利口，而是一双直达灵魂深处的耳。

人际交往中，大多数时候，之所以会出现沟通障碍，并不是因为对方太难缠、不好相处，而是彼此都太过看重自己，太过急于发言，还没有"听懂"别人在说什么，甚至，还没"听完"别人的话，就轻易下了判断，盲目打岔、接话，以致南辕北辙、不欢而散。

事实上，真正懂得倾听的人，不仅能从对方的话语中听出精准的情绪信息，了解其所思所想所感，并作出准确的回应，还会适时地以肢体语言、眼神动作，或者其他恰如其分的语言进行附和，听而有序，聆而不乱，顺水推舟，以从中获益。

文玲是某知名大学环境科学系的研究生，导师是德高望重的林教授。

这天，林教授偶发兴致，和自己带的三个学生忆起了当年。

教授感慨："你们现在的学习环境多好啊，互联网四通八达，想要查什么资料，上网一搜就都有了。我们那时候不行，做课题的时候，为了查资料，泡在图书馆里，一泡就是半个月，手忙脚乱的，效率低下。我记得，当年我给导师做助手，研究云贵高原的水土流失问题，光是查云贵地方志、地方生物演化、地质变迁、历史大事记等资料，就费了好大的功夫，眼睛都熬红了。"

说到这里，林教授微微停顿了一下，眼露追忆，似乎又回到了那个忙碌又充实的时代，看到了当年干劲十足的自己。

这时，一直认真倾听的文玲适时提出了疑问："教授，研究水土流失问题还要查询历史大事记吗？这个思路好新颖，当时有这种想法的人肯定不多吧？"

林教授闻言，哈哈一笑："是啊，那个时候，研究领域的很多思想还是较为保守的，不过，正因为新颖，才有意外的收获嘛。你最近不是在研究一个水土保持方面的课题吗，今天，咱们就以你的这个课题为例，说说环境科学研究领域的创新。"之后，教授就文玲的研究课题做了系统而深入浅出的指导，给出了许多极专业的建议，让文玲受益匪浅。

倾听，不是一个人的默然、一个人的滔滔，而是两个人的互动。倾听，不仅仅是用耳，还要用心、用情。唯有"听懂"了，"听透"了，感同身受，方能听声达意，提高沟通质量，掌握话语权，掌握主动。

具体来说，要以倾听为基，做到说话时声情并茂，有两点很关键：

第一，听懂对方话中之意，留意对方的情感输出倾向。

听懂别人在说什么，要表达什么意思，是倾听的最基本要求。一般说来，只要不是严重缺乏耐心、过于急不可耐的人，都能做到这一点。

但是，听懂却不是终极目的，真正会倾听的人，在"解意"的同时，还会留意对方说话时的情感输出倾向，通过语言、表情、神态、动作等，判断出对方要表达的真正含义，是悲是喜，是怒是怨，是讽刺还是劝谏，从而做出最恰当、最准确的回应。

举个例子，一位妈妈说："这个臭小子，太可恨了，我今天一定要教训教训他！"如果，说这话时，这位妈妈眉眼婉娜、满脸是笑，那多半就是在假抱怨，这个时候，"反驳"下她的话，多夸夸她家孩子，效果会极好；如果说这话时，这位妈妈双眼泛红、一脸怒容，那么，这个时候，亲爱的你最该做的就不是不合时宜地反驳和赞美，而是安慰、劝导和开解。

第二，适时呼应，切勿打断。

即便是倾诉欲再强的人也不愿意长时间唱独角戏，所以，我们要在恰当的时候，以恰当的方式对沟通对象做出应和，比如不时地微笑、点头、鼓励对方。或者适当地插话、提问，激起对方的表现欲与讲述欲，让对方有兴致继续说下去。但是，必须要注意的是，提问也好，插话也好，附和也罢，都要适度，过犹不及，频繁地提问会让人极度厌烦，贸然地打断别人的话更是一种极不礼貌的行为。

听为解言，解言方能达意，达意才会动情，动情方显融洽，融洽自得沟通之妙。

　　或许，不是每一个善于倾听的人都是话术高手，但所有的话术高手却都善于倾听。即便我们没有一言兴邦、一言振国的宏图伟志，给自己办张"言值"会所的会员卡，偶尔听几节倾听课，让自己的话变得声情并茂一些，不是也挺好？

争为"马前卒"，不做"马后炮"

有人的地方，就有江湖，有江湖的地方，总有争斗。

无论是金戈铁马，争之以利刃，还是波澜暗藏，斗之以唇舌，爆表的情商终归不可或缺。

情商是什么呢？

正统的解释是情绪指数，EQ，也就是人在情绪、意志、耐受挫折等方面的品质，具体些说，就是人在自我意识、控制情绪、自我激励、认知他人情绪和处理相互关系时表现出的一种能力。

情商属于变量，没有什么具体的标准，也没有确切的衡量尺度，但毫无疑问的是，在以语言为第一沟通序列的社交场，情商高不高，最直接的体现便是会不会说话。

会说话的人，情商普遍偏高，她们总能恰到好处地审时度势，把话说得让人格外舒服。宁可"贬低"自己，也要"成全"别人；她们低调、内敛、不抢风头、很愿意为别人的"出色"而"埋没"自己，甚至，为了别人"冲锋陷阵"，是"马前卒"式极具牺牲和奉献精神的人物，譬如，董卿。

董卿连续主持过13年的央视春晚，与魔术师刘谦合作表演过"魔手神彩""镜子里的咖啡""硬币穿玻璃"等魔术。节目现场，她巧笑倩兮，以幽默风趣的语言不断调动观众的情绪，尽职尽责地扮演着"托儿"的角色，既在表演上当"托儿"，更在言语中当"托儿"，捧红了刘谦，也展现了自己的职业风范。

《朗读者》第二季，著名翻译家许渊冲老爷子在被问及是不是每天都工作到凌晨两三点的时候，即兴翻译了一句英文诗："一切办法中最好的办法，延长我们的白天。"董卿"傻傻地"点头："哦，就是熬夜！"

《我要上春晚》决赛，选手阿普萨萨声情并茂地述说了自己母亲的故事，说到最动情处时，董卿半开玩笑半认真地说了一句："你如此深情地讲妈妈，干吗眼睛老盯住我呀！"这话，多多少少都有些不符合她端庄知性的人设，并有暗贬自己、说自己年龄大的意思，但恰恰也因为她这句话，现场的气氛瞬间被盘活，变得欢脱轻快起来。

中国传统的相声表演中，有"逗哏"和"捧哏"两种角色定位。"逗哏"者是当之无愧的主角，"说学逗唱"，聚焦所有目光，可以纵意挥洒；"捧哏"者却只能不争不抢、插科打诨，像个"小卒子"一般，适度地"牺牲"自己，把"逗哏"者捧得高高的。好的"逗哏"者，百里可挑一；好的"捧哏"者，万里也难求。毕竟，所有人潜意识里都是"自我"的，希望成为主角是人的本能，没谁愿意被别人遮盖掉自己的所有光芒。也正因为如此，"马前卒"
一般为别人的成功而贬损自己，把自己当砖，抛之以引"珠玉"的人在社交
场中才游刃有余、最受欢迎。相反的，"马后炮"式，爱说风凉话，只顾自己，
事后诸葛亮，站着说话不腰疼的人，往往极易引人反感。

余华和同事小美一起去吃海鲜自助。

小美是个西藏姑娘，来自内陆，家里经济条件不是很好，这次，还是第
一次吃海鲜。

吃螃蟹的时候，她撬开蟹壳，将里面连同蟹肺在内的"肉"一股脑全吃
了；吃虾的时候，也没挑虾线。

小美吃的时候，余华一直都没说话，直到小美吃完，她才轻轻拍了拍小
美的肩膀，摆出一副善解人意大姐姐的模样，"教导"说："小美，螃蟹不
是你那样吃的，蟹肺不能吃。还有，虾剥开之后要用牙签把虾线挑掉再蘸着
酱料吃，不然会闹笑话的。"

闻言，小美顿时一噎，心里非常硌硬，心想，你早干吗去了，我都吃完
了你才说？

之后，她的脸色就一直不是太好，那之后，也渐渐疏远了余华。

类似的事情，在工作中、生活中，屡见不鲜。总有那么一些人喜欢站在"高
人一等"的立场，做"事后诸葛亮"，等错误发生了，糟糕的结果已经呈
现，或者别人已经干了"傻事""出了糗"，她才以一副"你这样做不对，

我早知道就是不提醒你"的姿态出现，或者酸溜溜、一本正经地说什么"我早料到了……""我就知道……""我先前就说……""事情不是明摆着嘛，我就说……"貌似很专业，很有先见之明，殊不知这种事前无知甚至故作无知，事后却刻意彰显自己"有智慧""有阅历""比别人强"的行为，真的很讨厌。

宁宁是个股迷，小有家资，2008 年，在股市中也很是发了几笔财。

今年年初，A 股时而飘红，时而飘绿，很是动荡，宁宁几次想把手里的股票卖掉，却又有些舍不得，踟蹰不定之际，她想到了朋友孙楠。

孙楠毕业于金融专业，毕业后进了一家证券交易公司，看上去对股市很有研究的样子，宁宁和她虽然见面的时候不多，但是时常通过社交软件交流，算得上是志同道合的"知己"。

只是，针对宁宁的问题，孙楠并没有给出什么答案，常说些似是而非的话，要么就是"趋势还不明显，可参考因素太少，还需要再看看"，要么就是"还不清晰，我再想想"，或者干脆就说"我才疏学浅，也看不出什么"。

几次三番之后，宁宁也就不再问了。

后来，金融危机爆发，宁宁因为没有及时将股票脱手被套牢，资金损失惨重，甚至还背上了不少债务。她心里苦闷，找孙楠聊天，孙楠却"满含同情"地说："宁宁啊，不是我说你，你还是太嫩了，早在 2007 年，金融危机就已经显出了苗头，美国提高了印花税，咱们的央行也加息了，股神巴菲特抛出了中国石油，这一切都显而易见，我早就看出来了，你……"

孙楠喋喋地诉说着自己多么有先见之明，宁宁却有些厌烦，尤其是"我早就看出来了"，让她很是心烦。于是，当机立断，把孙楠拉黑了。

谁也没有前后眼，判断失误了，说错话了，做错事了，其实都是很正常的事情，但是，事前顾左右而言他，事后又处处指责别人，用别人的"无知"来烘托自己的"高明"，委实有些不太地道。

真正情商高、会说话的人，从来都不"马后炮"，因为，那比单纯的"幸灾乐祸"还要引人不快。相反，会说话的人，都愿意做"马前卒"，抛砖引玉、服务他人，说出来的话让人特别受用，于是，一开口，就赢了。

第四章

慧心解语，幽默润无声

会自嘲的姑娘才是高手中的高手

莎士比亚说："幽默和风趣是智慧的闪现。"赫伯·特鲁说："自嘲是最高层次的幽默。"所有会说话的人都对幽默情有独钟，所有会自嘲的姑娘都是高手中的高手。

2009 年 11 月，"第九届郑板桥艺术节"如火如荼地进行着，CCTV《欢乐中国行》节目也锦上添花，趁机走进江苏兴化露天做活动。

那天，天气极为糟糕，纷纷扬扬的大雪不要钱般从铅灰色的天穹上飘洒而下，凛冽的北风刮得人心烦意乱。一手持伞，一手握话筒，袅娜而来的董卿便若雪中一朵盛艳的红梅，倾城而明媚，她神采奕奕，一边走，一边笑着和观众打招呼："兴化的父老乡亲们，你们好！"话音刚落，她脚下突然一滑，瞬间摔倒在地。

现场的观众有些发懵，董卿本人其实也有些懵，但忍痛重新站起身来后，她的脸上就又绽开了最柔和的笑容，她说："我这一跤跌得好啊，提醒大家注意，这是我从事主持生涯十五年来遇到的最恶劣的天气，我把跟头跌在了兴化，这一跌也让我这辈子永远记住了兴化。"

如此幽默的自嘲，如此满满的自信，如此妙语连珠，瞬间便感染了观众，刹那间，现场掌声雷动。

何谓自嘲？自我嘲笑、自我解嘲。通俗点儿说，就是幽自己的默，拿自己来开玩笑。

大多数女人脸皮都很薄，拉下脸来打趣、调侃自己，在她们看来，多少都有些自轻自贱的意思。但其实，敢于自嘲的女人从来都魅力四射，自嘲，不仅不会有损形象，还能展现胸襟、化解尴尬，让女人从不悦、尴尬，甚至难堪的场面中从容挣脱、全身而退。

好莱坞著名女影星洛伊晚年身材不再，渐渐发福，因为太胖，她数度拒绝了朋友到海滨游泳度假的建议。

一次，洛伊参加活动，一个性格刁钻的记者偏偏戳她的"痛点"，问她："尊敬的女士，您不去海滨游泳，是不是因为身材太胖，去了就会出丑？"

出乎所有人的预料，洛伊没有否认，没有急着转移话题，也没发飙动怒，而是极痛快地承认了。她说："是的，我是因为自己胖才不去游泳的。"说到这里，她稍稍顿了一下，然后解释，"因为我怕我们的空军驾驶员从天上看到我，会把我当成一座新生的岛屿。"

自嘲是一种高超的话术，能解人尴尬，也能化解自己的尴尬。

不自信的女人是不敢自嘲的，只有极自信的女人才敢把自嘲当成幽默的调剂，通过取笑、贬低自己来抬高他人，磊磊落落地秀情商，既助人助己，又能无形中化解所有的尴尬与不快。

曾经的央视一姐倪萍因生活的重压、种种的变故，才50多岁，便已身材臃肿、容貌变形，乍一看，竟显得有些老态龙钟。以致她复出后，常被人批评"又老又丑"，像是市井大妈。

对此，倪萍很坦然，甚至常常以"老"和"丑"来自我解嘲，上节目的时候，每每都会以"倪大妈又来了"为开场白，让观众忍俊不禁。

自我嘲笑，自曝其丑，不是自我放弃，而是大度宽和，自信昂扬。

人生而有缺，谁都不完美，所以，有短处，会出错是理所当然的；有弱点，有错误，遭遇尴尬，其实没什么，最重要的还是如何来化解尴尬。睿智的女人，总能巧妙地以自嘲来化解尴尬，无知的女人则常以嘲笑他人的方式来彰显自己的愚蠢。

善谈者必善幽默，善幽默者必善自嘲，会自嘲，本就是长袖善舞、精擅沟通的表现。

只是，自嘲也需分寸和技巧，不能自嘲得太过，也不能太过刻意，更不能胡乱自嘲，不然，给人的感觉真的会很奇怪，不仅达不到幽默的目的，还极有可能越嘲越糟。毕竟，凡事都有限度，过犹不及。过分的谦虚，是骄傲。

过度的自嘲，等同炫耀。

另外，自嘲的话题选择也很有门道。一般说来，以自己显而易见的外在缺点为切入点自嘲最容易，也最实效，毕竟，人是高是矮，是胖是瘦，是美是丑，完全可以一眼就看出来，而性格、内涵、学识这些，不是深入接触，谁也不知道。

当然，自嘲的方式也不仅仅一种，缺点能自嘲，优点、长处也能自嘲，带着那么一点点自夸式的滑稽，有的时候，恰是最好的解嘲剂。比如，自恋的自嘲："哎，我真是太不谦虚了，不就是得了个第一名嘛，尾巴都要翘到外太空了，这可不行，得低调。"等等。

你需要有一个有趣的开场白

良好的开端，是成功的一半；言海泛舟时，一个有趣的开场白，总能让女人先声夺人。几十年如一日"你好""吃了吗"式的寒暄，总会让人厌烦；"各位领导、老师、同学们，大家好"式的老套演讲，难免让人昏昏欲睡；"我是李红，1982 年出生，毕业于东南大学"式的自我介绍，终究毫无新意……第一句话都无法引发别人沟通、倾听、交流的兴致，那后面的话更无从谈起。

所以，会说话的女人从来都不吝于在开场上花费巨大的时间与精力。

《朗读者》第二季有一期，邀请了著名导演冯小刚。

冯小刚上场后，董卿没有例行地介绍，而是面向观众，笑语嫣然："现场没有看过冯导电影的请举手。"

观众们无一人举手，有些还挤眉弄眼、发出了善意的笑声。

稍微等待了一下，董卿转头看向冯小刚："冯导，您是不是该谢下大家？

我们都曾为您的电影票房做过贡献。"

开场白，作为与人交际沟通、社交应酬的第一张名片，最核心的作用就是吸引沟通交际对象的兴趣，抓牢他／她（们）的注意力，为后续的话语做铺垫，所以，最忌平淡无奇，务求新奇有趣。

有趣的开场白，"炮制"的方式有很多，除了董卿般提问式的开场，自嘲式开场、打包票式开场、创新式开场、玩笑式开场也都秋色平分，各有各的妙处。

首先，说说自嘲式的开场。

自嘲是一种深层次的幽默，具有化腐朽为神奇的伟力，以自嘲开场，不仅能提高自己说话的安全系数，还能活跃气氛、让气氛变得融洽与欢悦。

美国黑人领袖约翰·罗克在一次著名的、与黑人解放相关的演讲中，面对台下数以千计的白人，曾如是开场，他说："女士们，先生们，我来到这里，与其说是发表讲话，还不如说是给这一场合增深一点'颜色'。"

一席话，让听众捧腹不已，即便约翰之后阐述的内容对白人而言委实有些不合时宜，他们也并未抵触，而是随着约翰的话，陷入了思考。

这，就是一个好的开场白的有力作用。

适时适度的自嘲，不经意间，便能为我们制造无尽的惊喜。不过，自嘲对语言驾驭能力的考验太高，很多人都把握不好其中的分寸与尺度。所以，与其牵强附会地自嘲，倒不如换一种开场方式，譬如打包票。

打包票式的开场，并非不管不顾、莽无状的自吹自擂，而是一种通过"打包票"来引发对方沟通兴趣的方式。

苹果集团总裁乔布斯在 Macworld 新品发布会上说的第一句话就是："我们准备了一些神奇的东西要展示给大家。"

一言，便攫住了众人的眼球。这个"包票"打得可谓恰到好处。

生活中、工作中、类似的巧妙开场还有很多。

譬如，和朋友分享减肥经验，可以说："用了我的方法，你一个月就能瘦成闪电，保证人见人爱，花见花开。"邀请心爱的女孩看电影，可以说："我保证，这电影超级无敌好看，不好看，就罚我吃光十桶爆米花。"如此这般，都可以。

只是，说句实话，"包票式"适用性很广，学起来也很容易，无论是言场老手，还是话海小白，稍微用点儿心，都能轻松掌握，但也正因为简单普遍，它的耐久度就有所欠缺，趣味性也不太高，被"套路"久了，效果就会直线下降。所以，想要保持永远的新鲜度与耐久度，开场白还是得创新。

1935 年，苏联作协理事会第二次全体会议在莫斯科召开，高尔基应邀做演讲。他上台前，场下欢呼不断、掌声经久不息。见状，高尔基便即兴创新、秀了一把幽默，他说："如果把花在鼓掌上面的全部时间计算起来，时间就浪费得太多了。"闻言，全场笑声弥漫，气氛愈加的欢快。

再经典的语言都有陈旧过时的一刻，唯有别开生面的创新能让言语生生不息，持续吸引人的关注，惹人喜爱。

创新，并非标新立异，而只是顺时应势、对舌尖上的话语做出的一些有趣而不令人厌烦的改变，不刻意，不生硬，甚至，有的时候，只是一丝小小的变动，便能让话语"新"意满满。

譬如，和人打招呼的时候，没必要一定要说："你好/您好/林总好/张老师好"，试着说："未来的作家/文学家/导演/霸道总裁好""比我还美的美女好/'吃鸡大佬'好"等，沟通的效果或许会更好一些。不过，在以创新的形式开场的时候，一定得注意提前了解对方的情况，量体裁衣、依照对方的情况开脑洞，可别随便乱圈乱套，否则，就不是创新，而是在拿自己的人缘儿开玩笑。

人脉的积累、人缘儿的建立、个人形象的构建都需要一个持之以恒的过程，来之不易，开不得玩笑，若真要开，倒不如来个玩笑式的开场白，一举两得。

"金话筒"之夜文艺晚会现场，台湾著名歌手、主持人凌峰阔步上场。

上场后，他没千人一腔般说什么："观众朋友们，晚上好"，而是笑眯眯地开了个玩笑。他说："我很高兴再次见到你们，很不幸，你们又见到了我。"

话毕，热烈的掌声随之响起。

笑能解语，趣最怡人，一个有趣的开场白，等同于最良好的开端，让人占尽先手。

虽然先声夺人、先期占据了优势，并不代表最后一定会赢得胜利，但不管怎么说，占了先手，终归有好没不好。所以，希冀能在人群中谈笑风生的你，不妨先给自己的情商浇浇水，让有趣的种子发发芽、长长叶，再等待开花结果。

因人就事，即兴秀幽默

俄国著名作家普利兹文说："生活中没有哲学还可以对付过去，然而没有幽默，只有愚蠢的人才能生存。"

幽默是一个人胸襟、器量、学识、修养、品德、智慧、内涵在语言领域的具体折射，它就像一滴清水，虽然很微小，却能折射一空的阳光与整个世界。

第十五届央视青歌赛，来自总政歌舞团的济南籍女高音歌唱家王庆爽很是"莽"了一把。

抽题表演环节，她抽到的是扮演小芹，演绎小芹假装洗衣服、满心期盼着小二黑回家的情节。

题并不难，王庆爽的表现也很可爱，董卿还没把要求念完呢，她就急慌慌地跑去准备服装道具了。

董卿见状，不由失笑，幽默地调侃："我们已经感受到你盼二黑哥的急切心情了！"

一句轻松的调侃，一点小小的幽默，稍稍发酵，便能化作笑语欢声，拉近心与心、人与人的距离，让言语变得炫彩而有情。

古今中外，多少成功者，都以幽默为沟通之圭臬，只因相比于直白、干涩的述说，略见曲折却总能让人心领神会的幽默话语，总是最令人动容。

说话风趣的人，无论到了什么场合，都能如鱼得水，快活从容。不过，幽默嘛，终归也只是一种沟通手段，也怕套路，也怕陈旧。被背诵的笑话不是笑话，被模仿的幽默也不幽默，所以，会说话的女人从来都不生搬硬套、拼凑笑点，而是因人就事，即兴秀幽默。

第27届电视剧"飞天奖"颁奖典礼上，为了向优秀导演奖获得者郑晓龙、康洪雷表示祝贺，主办方特意安排了一场别开生面的"祝贺"仪式，两位导演登台的时候，舞台两侧的礼仪小姐们不约而同挥舞着彩色的绸带，一跃如水。

这样与众不同的方式，看愣了不少观众，作为主持人的董卿当即就事论事，秀起了幽默，说："两位才华横溢的导演走上台的时候，我们的姑娘们都倾倒了，倒在水池中，以朵朵浪花迎接着你们，看来我们二十一世纪的男士，同样也有沉鱼落雁的气势。"

短短几句话，既给这场祝贺画上了最完美的句号，又赞美了两位导演和男士们，圆融巧妙，有趣又有内涵，足见功底。

同样的调侃，同样的笑言，不同的场合，不同的情境，面对不同的人，表达的效果迥然而异。

真正的幽默从来都不是学出来的，而是自己造出来的。只不过，幽默这门话术的进阶技能原来便很难掌握，想要即兴秀幽默，更是难之又难，好在，总还有一些小窍门可以利用。譬如：妙用典故、俗语、俚语、名言。

著名画家张大千即将离沪归川，好友为他设宴践行。京剧名家梅兰芳先生应邀前来。

开宴之初，众人纷纷礼让张大千，让他坐首座。张大千却摇摇头，"一本正经"地说："梅先生为君子，当坐首座；我是小人，敬陪末座便好。"闻言，众人都有些困惑，不知道张大千这是什么意思，张大千便解释说："俗话不是说'君子动口，小人动手'嘛，梅先生唱戏是动口，我画画是动手，自然要请梅先生坐首座。"

正意可奇解，窄意可宽解，贬意可褒解，讽意可笑解，语言最大的妙处就是不同的排列组合能组成截然相反的语句，别出心裁的"曲解附和"能赋予典故、名言、俚语、俗语等全新的释意，幽默自然信手拈来。

另外，用好谐音谐语，同音字词，也能拗出一番不一样的风趣。

隋朝著名天文学家刘焯和侄子刘炫因事被捕，判枷号示众。

叔侄二人内心苦闷，唯自我解怡，以幽默来消磨时光，掩饰难堪。

刘焯对刘炫说："整日坐在枷（家）中，就是无法回家。"刘炫亦苦中自娱，应和说："我也整日负（妇）枷（家）而坐，就是不见妇"。

后，叔侄二人被释放，脱得灾厄，这段幽默的对话也流传了出来，为人所津津乐道。

幽默是语言的代码，而代码的终极目标是创造幽默。哪怕这种幽默是离奇不经的、荒诞的，只要它能调和气氛、缓和矛盾、融洽关系，那它就是成功的。即兴秀幽默的第二个技巧，便是放飞思绪、适当"作秀"、不怕离奇。

新锐歌唱家钱秋到某座边境旅游城市开演唱会。

演唱会前，各种宣传铺天盖地，叫好声不绝，但却叫好不叫座，演唱会当天，到场的观众连三分之一都没有。

钱秋很尴尬，但当镁光灯聚焦时，她还是即兴秀了秀幽默，她说："以前，常听朋友说，咱们这里旅游业发达，我还不信，今天我信了。瞧，在场的各位，每个人都买了三四张票，都老有钱了。"接着，她又顺势说，"为了感谢各位的支持，下面，我就为大家唱一曲《土豪点秋香》"。

钱秋的幽默，多少都有些荒诞，给人以"作秀"的感觉，但是，有什么关系呢？毕竟，幽默，追求的只是喜感，是质量，是一种调剂的智慧。

需要注意的是，幽默从不等同于低俗，切忌将一些黄色的笑话、段子当幽默来秀，尤其是在公众场合即兴来秀，否则，贻笑大方，亦是自招。

诙言谐语解尴尬

2019 年初，全世界都被《流浪地球》刷了屏。

曾几何时，懵懂的我们，或许真的希冀过随地球一起去流浪，但一切的一切，却不过幻梦；梦醒了，睁开眼，才发现，生活还要继续，才发现，在社会的"星辰大海"里，真正被流浪、被放逐的从不是我们的"地球"，而是我们的"言值"。

颜值不够，言值来凑，言值若也不够呢？什么来凑？幽默？但其实，幽默本身就是言值修炼最不可或缺的一部分。

日常生活中、工作中，我们每个人，都难免会遭遇一些尴尬的局面，小到做饭多放了盐，大到工作出了巨大纰漏，林林总总，不一而足。这些尴尬，可能是自己造成的，也可能是他人牵累的；尴尬的当事人，可能是我们自己，也可能是我们的熟人、亲人、伙伴，或者陌生人，但无论情况如何，会说话的睿智女人却总能不慌不忙，轻轻松松，就以幽默将自己、将他人迅速带出窘境，这方面，董卿就做得很好。

2009年春晚第二次定妆彩排，大型歌舞节目《蝶恋花》因为现场LED屏幕配合的迟滞出现了卡壳，停在那里，进行不下去，现场观众，一片哗然，气氛极是尴尬。

董卿审时度势，略一思忖，便用极诙谐的语言向观众做出了解释，圆回了场面。

她说："这个技术应用到舞蹈中还是第一次，既然是第一次，就得面对许多问题。我们稍等一下。我觉得今天现场的观众是最幸运的，你们看到的这个，其他观众看不到，这是真正的幕后。"

话落，无数观众为之喝彩。

无独有偶，《中国诗词大会》问答环节，在被问及数位古代诗人姓名时，有位诗词功底有所欠缺的歌手连续回答了好几个"不知道"，观众看得很尴尬，歌手本人更觉难堪，这时，董卿走出来，带着几分俏皮的语气，幽默打趣地说："我们听到的所有诗人都叫一个名字——不知道！"短短一句话，直如沸汤沃雪，转瞬便把所有的不和谐、不融洽，全部融化。

人说："当生活缺少温情时，左手可以温暖右手；当世界缺少幽默时，抱怨与憎恨会伴你左右。"

不懂幽默的女人遭遇尴尬时，只能委委屈屈、自吞苦果，甚至，有的时候，出力也不讨好；懂得幽默的女人则每每都能以诙言谐语化解尴尬，顺便还说说自己的苦衷与不得已，不失风度、不失面子便能获得一片赞扬与欢声笑语。

郝云是某知名大学公共关系学的毕业生，毕业后，留校做了讲师。

新学期，开学第一天，郝云早早地就从家里出发赶往学校，谁想，天公不作美，本来晴好的天突然就阴了下来，继而电闪雷鸣、风狂雨骤，很多车都被堵在了路上，郝云乘坐的出租车也不例外。

无奈，她只能步行三公里，去最近的地铁站坐地铁。

地铁倒是没有因为风雨而受阻，可正值上班高峰，地铁站几乎人挨人，郝云挤了三次才挤上地铁，最后，辗转周折，终于到了学校，但还是迟到了五分钟。

郝云心里很是过意不去，向等在课堂里的同学们深深鞠了一躬，表达歉意。

之后，她说："同学们，自我介绍一下，我叫郝云，是你们公共关系学的讲师，只可惜，我这个人啊，既不好运，也没和老天爷把关系处好，被嫌弃了，以后，还请同学们监督我，让我再接再厉，争取有朝一日能和老天爷如胶似漆、甜甜蜜蜜、天天得好运。"

本来吧，因为郝云迟到，同学们多多少少都对她有些意见，但郝云的一番话却很有效地化解了这份不满，这堂即将要被贴上糟糕与尴尬标签的课，也瞬间变得活泼生动起来。

幽默是哈利·波特的魔杖，轻轻一挥，就能松弛神经，活跃气氛，营造最温馨、最适合沟通的气氛；幽默是神奇的橡皮擦，轻轻一擦，就能抹去暗灰色的尴尬、墨绿色的阴郁，让我们的交际圈重现缤纷的底色；巧用幽默，诙言谐语，还能化怨为喜，化牢骚为赞美，解围的同时，顺便圈猎一份满满的惊喜。

郭静和朋友丽娜一起到单位附近的西餐厅去吃西餐。

郭静点的牛排，丽娜要了一份意大利面、一份水果沙拉。

意面端上来后，丽娜看着那凌乱的"一坨"，忍不住吐槽："切，这是建筑工半路出家当厨师了吗？做的什么玩意儿？"

这话，很是不客气，刚上完菜，还没离开的侍者听得有些尴尬，郭静也忍不住抽了抽嘴角。

但是，说出去的话，泼出去的水，丽娜口无遮拦，她不能也如此。

于是，便笑了笑，一本正经地点点头，很"认真"地说："我觉得也是，这位大厨肯定是学美工的，瞧这碗面，造型多别致，刚端上来的时候，我差点以为端的不是面，而是一件美工雕塑。"

郭静的话，把丽娜逗乐了，侍者也悄悄扬了扬嘴角。

很快，郭静这番独特的"赞美"就被传到了厨师耳中，厨师很开心，特意送了一瓶红酒给郭静。

人生处处有尴尬，也处处有惊喜。尴尬总会不期而遇，惊喜却能自己雕琢。所需的工具，不过幽默而已。

需要注意的是，幽默并不能通用于所有的场合，一些十分正经、严肃，甚至沉重、肃穆的情境下，幽默是不适用的，用得不恰当，可能会给人留下轻佻、轻浮、不尊重的坏印象。

巧笑倩兮，解语励人

红颜易老，20岁之前，我们可以理所当然地将颜值当作资本来挥霍，20岁之后，所有的美丽都该由自己经营与塑造，而幽默，恰是女人对自己最美的赋值。

女人的幽默，不该是一朝一夕、一言一语、一招一式，而应是一种从内到外的优雅与风趣，巧笑倩兮之间，不仅能营造欢声笑语，亦能温柔解语、励志励人。

董卿主持央视青歌赛的时候，遇到过来自全国各地，各种经历、各种性格的选手，她游刃其中，从容优雅，时不时，还会送上一份自己的激励与鼓舞。

一次，一位演唱功底很好的藏族歌手来到青歌赛的舞台，他的歌，惊艳了很多人，但在后面的综合知识问答环节他却"出糗了"，因为，他听不懂普通话。虽然临时充当翻译的宗雍卓玛已经尽心尽力，但是，把中国的成语用藏文翻译出来，实在是太难，最后，这位选手综合素质考评得了0分，他沮丧极了。

这时，董卿上台，说了这样一番话，她说："其实他听不懂我们的话正如我们听不懂他唱的藏歌一样，但是他今天为我们带来的是中国海拔最高地区的歌声，歌声里他的感情我们听得懂，他唱出了打动人心灵的歌声！"

这话，三分安慰，七分鼓励，温和风趣，听了，既让人舒服受用，鼓励的效果也格外显著。

现实生活与工作中，教条式的鼓励，或者说"说教"比比皆是，或许，说话的人的确是出于好心，但是千篇一律，甚至"又臭又硬"的语言却总能把一片好心轻易打散为唠叨与厌烦，所以，有时候，鼓励人也需要讲些方式方法。

美国前总统布什应邀到母校耶鲁大学去做演讲，诙谐的话语中，总透着几分真诚的鼓舞与睿智。

演讲开始没多久，他就用"曾短暂就读于此"的副总统切尼和"从耶鲁顺利毕业"的自己做对比，幽默地调侃"如果你们从耶鲁顺利毕业，你们也许可以当上总统；如果你们中途辍学，你们就只能当副总统了"鼓励学子们要坚持始终、珍惜求学深造的机会、完成学业，将来成就一番事业。

之后，他又数度以风趣的话语对在座的耶鲁生进行"鼓励轰炸"，他说："对那些表现卓异的同学，我要说，你们真棒！对于那些丙等生，我要说，你们将来也可以当美国总统。"他说："我希望以你们自己的方式、时间、奋斗来体现对母校的热爱。"他还说："你们每个人都有独特的天赋……只要肯争上游，人人都能成为总统。"

幽默从不等同于廉价的逗乐，幽默的鼓舞总是最能牵动、深入并影响人的情绪与灵魂，就如布什。

真正的幽默，是源自自信的豁达，是沉淀了智慧的风趣，是生命不同阶段的阅历与从容，是才、情、趣的聚合与发酵。

才，脱胎于学识，根植于阅历，拓展于能力，外显于口端笔下、言窠语里；情，沉淀于内心，绽放于喜怒，不拘七情六欲，交缠碰撞中，总能溅射几般思绪；趣，着意于欢声，甘饴于笑语，通透中有地气，诙谐里有高章。

以才为基，以情为本，才情相佐，方能成就真正的趣。趣中解语，笑而鼓舞，才是真正高效的鼓励。

孙璇是一位情感电台女主播，声音甜美，善解人意，说话幽默风趣，总能用一种意想不到的方式给人以鼓励，帮助人解开心中各种各样的"结"。

一天，节目中，孙璇接到了一位听友的来电。

这位听友名字叫美琴，22 岁，即将大学毕业。她说，自己恋上了一个同班男生，却又不敢表白，眼看着还有几个月大家就毕业了，她很彷徨，心中充满了焦虑，不知道该怎么办。

听了美琴的话，孙璇没有立即给她出主意，而是温柔地问她，不愿意表白的原因。

美琴踌躇了一下说，自己长得一般，尤其是有个塌鼻子，看上去有些丑，她怕那男生会嫌弃她。

显然，美琴犹豫的症结是她有些自卑，自卑的根源就是她的塌鼻子。

找到症结后，孙璇略略思考了一下，便找准时机，开始"对症下药"，她说："美琴，你知道吗，其实，每个女人都是上帝创造的天使。有的天使降生的时候偷偷把白云裹在身上，所以皮肤白皙；有的天使降生的时候，瞪着眼睛回望阳光，所以眼睛大而有神；有的天使降生的时候鼻子先着了地，所以鼻子变得娇小而丰满，虽然不高挺，但也很可爱啊。美琴，你没试过，怎么知道你的男神不喜欢鼻子先着地的天使呢？"

孙璇的话把美琴逗乐了，她笑了笑，轻声说："那我去试试。"

一个星期后，美琴再次打来电话，由衷地道谢："谢谢你鼓励我，给了我勇气，谢谢，真的太谢谢了！"

旋即，她兴高采烈地告诉孙璇，她喜欢的男孩接受了她，两人已经确定了恋爱关系。还说男孩一点都不觉得她的鼻子难看，反而觉得很精致、很可爱。

每个人都是一道独一无二的风景，有其长，有其短，姿容别致，只是，有的时候，他/她们自己并不懂得欣赏，甚至因为长期仰望其他的风景而郁郁沉沉，这个时候，一个幽默的、风趣的、愿意站在"桥上"看他/她并真心点赞的人对他/她而言，无疑便等同于"救世主"。

谁会不喜欢自己的"救世主"呢？

　　当流光的沙化作了阅历的浮沉，不要为红衰芳减而无声叹息，转过身，用才与情为自己编织一套有趣的妆容，学会幽默，学会从容，学会以诙言谐语鼓舞自己、激励他人，学会在巧笑倩兮间长歌芳华，努力活成一派让人痴恋、让人流连的模样，不是也挺好吗？

抖一抖风趣，提一提建议

与人交流的过程中，变个花样、换种方式提建议，给建议精心包裹上一层风趣的裙装，而非直来直去，其实更有利于人际交往。

每一个光鲜的身影背后，都有一个孜孜向前的灵魂。

台上的董卿永远笑颜如花，端庄优雅；台下的董卿，虽然不那么爱笑了，但说话做事，依旧让人如沐春风。

《朗读者》筹备录制的过程中，董卿与她的团队也经历过很长一段时间的磨合。

固然，团队里的人大都是行业精英，但人无完人，出错总是难免的。

团队里一个姑娘，专业水准不错，就是人有些马虎，不怎么看重细节，在前期的录制中出过一些错。

对此，董卿心中虽然有些不悦，却没有直截了当地批评她，而是用很幽默的语气向她建议："疏忽细节常常会闹笑话，你也不愿意闹笑话吧？马虎就像放大镜，能把错误放大无数倍，你愿意当个放大镜吗？"

姑娘有些不好意思地笑了笑，欣然接受了董卿的建议，从那之后，认认真真，再没出过小纰漏。

意见与赞美都是进步的前导，只是，比之赞美，建议似乎更内敛、更深沉，不易被人接纳。

提意见的时候，尤其是做一些批评性意见和一些极易引人抵触的意见时，会说话的睿智女人都会采用一些更艺术的方法，譬如，风趣。

苗语最近半年苦恼极了，她的女儿小苗苗才刚刚十二岁，体重就超过了45千克，而且不愿意减肥。

苗语劝过很多次，甚至还强制帮苗苗节过食，但是效果都不太理想，发展到后来，只要苗语一提"减肥"这两个字，苗苗就又哭又闹，看着女儿满是泪水的小脸，听着女儿嘶哑的哭声，苗语虽然知道自己不该妥协，但还是心软了。

就这样，苗苗减肥的事情一直被搁置，苗语既担忧又无奈，心里堵得慌，忍不住向闺密万雪倒苦水。

万雪安慰了苗语好一阵，还告诉她，十二三岁的小孩子，正是自我意识觉醒的关键时期，有时候特别固执，要想让他们"听话"，还得顺着毛给他们用幽默捋一捋。还说，今天到苗语家，帮苗语劝劝苗苗。

苗语将信将疑。

那天，正是周六，两人回去的时候，苗苗正窝在沙发里，一边吃薯条，一边看《西游记》。

苗语见了，眼睛一瞪，就想过去把苗苗手里的薯条给抢过来，万雪却阻止了她。

万雪笑着坐到苗苗身边，说："苗苗，阿姨也喜欢看《西游记》，咱俩一起看，好不好？"

苗苗点头。

一大一小，坐在沙发上安静地看了五分钟电视，万雪又问："苗苗，你喜欢孙悟空，还是猪八戒？"

苗苗扬了扬眉毛："我喜欢孙悟空！孙悟空特别厉害，猪八戒笨笨的，总是被妖怪抓走。"

万雪就笑："苗苗，我告诉你啊，猪八戒之所以总是被妖怪抓走，不是因为它笨，而是因为他胖，跑得太慢。"

听到胖这个字，苗苗立即警惕："万阿姨，你不会是我妈找来的说客，来劝我减肥的吧？"

万雪摇头："不是，绝对不是。怎么，你妈又催你减肥了？她是不是经常唠叨你，就像唐僧唠叨猪八戒一样？"

苗苗用力点着小脑袋："是，是。"然后，似乎觉得不对，又摇头，"妈妈是唐僧，我不是猪八戒，我是孙悟空。"

万雪故意皱了下眉，指了指电视上的"孙悟空"，问："苗苗，你自己看看，你和孙悟空像吗？孙悟空一个跟头能翻十万八千里，你，嘿嘿，你会翻跟头吗？"

"我……"苗苗有些语塞，看看"孙悟空"，又低头看看自己，有些沮丧地低下头。

万雪趁机劝她："苗苗啊，阿姨和你说，你想像猪八戒那样天天吃好吃的，就不可能像孙悟空那样有个好身材，而且，唐僧妈妈还会天天唠叨你，等你长大了，能把白龙马给压塌……"

万雪的话还没说完，苗苗就急了："我不要压塌白龙马，我要做孙悟空，我要减肥，减肥！"

或许，生活中、工作中，真的有一些人特别特别的固执，无论别人说什么都迂腐不化、坚持自己的做法，但这样的人毕竟只是少数，绝大多数的人还是很乐于自我纠正的，他们不是不能接受意见和批评，只是不愿接受一些自以为是的意见和一些刺人伤人的批评，也不愿意承认自己比其他人差。

所以，提意见，也得讲究个技巧，这方面，程欣就做得很好。

"十一"黄金周期间，程欣一家人一起到青岛旅游，赶海、捡贝壳、看海鸥，玩得不亦乐乎。傍晚的时候，还就近找了家海鲜餐厅吃晚饭。

程欣爱吃龙虾，就点了几只，只是龙虾端上来的时候，有两只龙虾少了虾螯。程欣见了，略略皱眉，叫来了老板娘，笑着对她说："我听说龙虾是种很好斗的动物，以前不信，现在是真信了，您瞧，您这两只龙虾，明显两败俱伤了啊。只是，我不太喜欢失败者，能不能麻烦您给我换一对战胜的龙虾过来。"

其实，有时候，有些人，行为固然不妥，做事固然缺位，也不过是无心之失。这个时候，提提意见很有必要，但疾言厉色地提意见就没必要了，多几分包容，少几句责备，用温和风趣的方式私下里提提意见，收获三分感激，赢得更多朋友，不是也蛮好吗？

自夸式幽默，让人会心一笑

做客《人物周刊》，被问及央视是否存在性别刻板印象时，董卿眉眼弯弯，很是骄傲地将自己标榜为"年轻有姿色"的女性，引人会心一笑。

2011年，主持《我要上春晚》节目，韩红上场的时候，董卿赞了一句："我觉得，《我要上春晚》非常了不起，可以请来韩红，"之后，她扬扬眉毛，满脸都是笑意，俏皮地强调，"还有啊，我觉得《我要上春晚》非常了不起，还能请来董卿当主持。"话落，还像小女孩般吐了吐舌头，卖了个萌。

现场观众莞尔不已，场上气氛也因她毫不避讳地"自夸"而变得更加活跃轻松。

拉布说："幽默是生活波涛中的救生圈。"这没错，不过，救生圈也分大小、分尺寸、分美丑，而自夸式幽默，显而易见，就是最漂亮的那一种。

电影《亲爱的》杀青后不久，主演黄渤到对外经贸大学去为电影做上映前的宣传。

一个同学问黄渤说："英雄、痞子你都演过，除了帅哥和美女你还有什么不能演的？"

黄渤立即笑着以一句颇"自恋"的反问回应："谁说我这个帅哥不能演美女的？"赢得一片掌声雷动。

事实上，自夸式幽默是社交场上挺常见的一种沟通方式，绝大多数人只要稍稍实践一下，就能熟稔地掌握，并以此为基础，开启一段又一段轻松愉快的交谈。

用得巧妙，不仅能活跃气氛、加深沟通，还能有效地避开生活、工作中的一些尴尬敏感话题，甚至，有些时候，即便是你拒绝了别人，别人也不以为忤，反而会心一笑。

24岁的荷香，肤色白皙，容貌清丽，身姿婀娜，气质出众，身边从来都不缺乏爱慕者，但她却并没有结束单身生活的意愿。

一次，荷香陪朋友参加商务酒会，碰到了姜生。

姜生是荷香的大学同学，对荷香一向倾慕，就是性格有些毛躁莽撞，这不，酒会刚刚开始，他就捧着一大把玫瑰跑到荷香面前，大胆地表白起来。

"荷香，我爱你，做我女朋友吧！"姜生深情款款。

姜生的表白很是突然，荷香完全没有预料到，可是，在场的人这么多，若是直截了当地拒绝未免有些伤人。于是，她略略思忖了一下，对姜生说：

"我这样漂亮的女孩，值得拥有全世界呢，所以，带着玫瑰的骑士，再等等吧，等你路过了我的全世界，并得到了它，你再过来。"

闻言，姜生用力点点头，憨憨地笑了，一点都没有被拒绝的沮丧。

然而，需要注意的是，自夸和自恋虽然貌似相同，其实却是截然不同的两个概念。

自恋是一种不加节制的自夸，极易引人反感。在日常交际中，我们一定要注意，千万不要把自夸衍变成自恋。

新锐青春小说家刘茹应邀参加本市的文学研讨会。

日报一位编辑出于礼貌，恭维了她两句："您真的很有才，我拜读过您的作品，缱绻温情，又充满正能量。"

闻言，刘茹嫣然一笑："哈哈，您真有眼光，才华横溢这个词就是专门为我准备的。"

若是她的话到此为止，那么，就是一句不算太得宜，但也不惹人讨厌的幽默之语。

但刘茹显然没有就此打住的意思。之后，她开始滔滔不绝地"夸"自己："我的小说《温暖》是青春领域现象级的经典之作，那个名气很大的XX根本就没法和我比，我也爱写新闻……报社的编辑？文笔虽然也不错，比起我来却有所欠缺。哦，当然，我是就事论事，没有说您，我和您说……"

起初，这位日报编辑还只是皱眉，后来，却越来越厌烦，最后，沉着脸，拂袖而去。

女人如花，幽默便是最美的芬芳，自绽芳华争春妒没什么不好，但争得太用力，却难免零落枝头，染一层肤浅的尘泥，就像刘茹。

绽三分，留七分，浓淡得宜，凭风自传，争而适度，不嚣不闹，却能香远益清、扬几分遗世独立。这一点，所有希冀以自夸式幽默为言值添香晕彩的女人一定要格外注意。

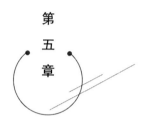

第
五
章

共语共情，温暖人心的力量

喜怒同调，话才同步

人与人的交流，从某种意义上来说，其实是情绪、情感传递，接洽，契合，回馈的过程。

言由心生，言传心意，情绪情感上不同步，话语自然也难同步，换言之，高质量的沟通，源于高质量的共情。

一个小女孩，因为一场变故，精神出现错乱，误把自己当成了蘑菇，每天都穿着带斑点的花衣服蹲在角落里，一动不动，不说话，也不吃饭。她妈妈为此心急如焚，不止一次地开导她、劝她、告诉她她不是蘑菇，是个女孩，是家里的小公主，但女孩无动于衷。妈妈也曾强硬地把她拽起来，可刚拽起来，女孩就又蹲下了，如此反复数次，妈妈担心伤到女孩，再也不敢蛮干，只好任由她蹲在墙角当蘑菇，自己则一次又一次崩溃地大哭，哭完之后，又四处奔波请医生，希望能治好女儿的病，但多数时候都是徒劳。

直到有一天，一位朋友给她介绍了一位著名的儿童心理医生。

　　了解到女孩的情况后，心理医生没说什么，而是换上了一套带斑点的花衣服、戴着伞状的帽子蹲到了女孩身边。

　　起初，女孩并没理会医生，医生也没和她说话。过了大概五分钟，女孩按捺不住好奇，转过头去问医生："你是谁？"医生说："我是一只蘑菇啊！"女孩"哦"了一声，继而沉默。

　　过了半小时，医生站起身，走到阳台上，伸了个懒腰，然后，找了个躺椅躺下。

　　女孩疑惑："大蘑菇，你怎么动了？蘑菇是不会动的。"

　　医生反驳："谁说的？蘑菇也要运动啊，还要晒太阳。"

　　"是这样吗？"女孩很是不肯定，可是，看到"大蘑菇"动了，她就跟着动了，也跑到阳台，找了把椅子，晒太阳。

　　晒了十分钟太阳后，医生起身，到餐厅吃饭。

　　女孩大惑不解："大蘑菇，你为什么要吃饭？"

　　医生说："多吃饭才能长大啊，你瞧，我想长成最大的蘑菇。"

　　"这样啊，那我也要吃饭，要长大，做只大大的蘑菇。"女孩雀跃地说。

　　就这样，经过两个月左右的治疗，女孩病情好转，生活也回归正常。

　　何谓共情？一个人能理解另一个人的处境、经历，设身处地体验他／她的情绪、情感，这就是共情。

　　或者，说得直白些，当你的沟通对象是只"蘑菇"时，你也能蹲下身和他／她一起做"蘑菇"，用"蘑菇"的思维来思考、来沟通、来交流，这就是共情。

共情，是人际交往中最不可或缺的一种话术技巧，以共情创造共振的场，与沟通对象产生情绪、情感的共鸣，再以共鸣为基础，"踏进"对方以语言构筑的"世界"，逐步深入，方能触摸到对方心底真正的柔软之处，从而取得对方的信任，收获对方最真诚的情感回馈，让沟通变得毫无障碍。

无论是在工作中，还是生活中，董卿的"共情"能力都是出类拔萃的。

她的语言总能追随着嘉宾情绪的风向标，为别人的故事，或哭或笑、或调侃或安慰、或肃穆或俏皮，百变千幻。

青歌赛上，选手进了决赛，她和选手一起欢呼、雀跃，大喊："耶！"

诗词大会，她安慰只读过几年书的农民大叔："即使您答错了，那也是这个现场里，一个最美丽的错误。"

《朗读者》第二季，她读着老护士长写给吴孟超的信，瞬间泪如雨下。

诗词决赛，有望百尺竿头更进一步的王轶隆选手因为母亲的原因选择离开，董卿默默地送上祝福："所谓父女母子一场，终究有一别，就让我们一起怀着倒计时的那种心态，珍惜在一起的日子。这是一个空缺，但更是一个圆满，希望轶隆的妈妈早日康复。"

最美的语言，从不是最华丽的语言，而是最动情的语言。最有效的沟通，也不是最频繁的沟通，而是能抓住"动情点"的沟通。会说话的聪明女人最聪明之处就在于能将心比心、做到和别人喜怒同调，同时，也用共情的力量，引导别人，让别人感受到自己的哀乐，做到与自己情绪同频。

美国经济大萧条时，无数人失业，无数人流离失所，年轻的女孩苏珊几经周折才在一家珠宝店找到了一份售货员的工作。

这天上午，店里来了一个身材消瘦、满脸胡茬、看上去很颓废的男子。他说，想买一枚戒指，在他的要求下，苏珊从玻璃橱柜中拿出了八枚戒指供他选择，但最后，他一枚都没有选择。

苏珊感到遗憾，却也没在意，在男子表示不买、转身要离去时，她默默地将戒指收起，却陡然发现，剩下的戒指只有七枚。

丢失的戒指去哪了？抬头看看步履匆匆、面色慌张、已经走到门边的男子，苏珊恍然。

于是，在男子即将开门离去的那一刻，她叫住了他："先生，对不起，请等一下。"

男子面色一僵，声音有些干涩地询问："什么事？"

苏珊眼中蒙上了一层水雾，神色黯然地看着他，说："先生，我找了八个月，才找到这份工作，这是我第一份工作，也是我们家唯一一份工作。您知道，现在想要找个事做实在是太难了，我不想失去它。"

男子盯着苏珊，看了足足一分钟，最后，他轻轻叹了口气，走回来，将手伸向苏珊，和她握了握手："姑娘，你说得对，祝你今后好运。我相信，你会是个好员工。"

说完，男子转身离去。

苏珊则摊开手掌，看着掌心失而复得的第八枚戒指，破涕为笑。

懂得共情的人，总能以情动人，利人利己；不懂共情的人，从不懂得换位，也不懂得照顾别人的感受，看不出别人的喜怒，别人伤心她鼓掌、别人开心她叹气，为人不喜也是难免。所以，女人呢，要想说好话，就必须得将共情力的修炼提上日程。

那么，共情力到底要怎么修炼呢？

首先，要将自己从主角模式中抽离出来，重新定位自己，将自己放在配角的位置上。其次，要学会倾听，通过倾听精准地获得对方的情绪、情感信息；接着，尝试去接纳、理解这些情感信息，别轻易地否定或者下论断；之后，将心比心、换位思考、努力将自己代入对方的情绪里，学着承认、认同，即便不认同，也不要反驳争论；最后，以适当得体的语言给对方以回馈，回馈的方式可以自主选择，比如，对对方的观点进行具体的补充，对对方所说的事情进行归纳提炼，对对方的情绪进行适当的疏导，或者说一些感同身受的话，利用类同心理，给对方以安慰，等等。

共情力不是一朝一夕就能练就的，它需要时光与阅历的沉淀，也需要丰富大量的社交实践，还需要一个适应和调整的过程，操之过急，有害无益。慢慢来吧，你要相信，你的言值，终有一天，会对得起你付出的所有努力！

聊天不是辩论，没必要非分个是非对错

大千世界，每一个人都会循着一个固定的定位，只是平和安宁的表象下却藏着太多的波谲云诡、刀光剑影，不是不懂不争的甜，而是已习惯了争强好胜。

谁不是自己世界的主角呢？从自己的主角变成社会的配角终归会有落差，终归会有些不适应，这其实也无可厚非。然而，真正能改变个人社会定位的，是努力，是功绩，是各种添彩的成功，而不是嘴皮子上的输赢。会说话的女人从来都不争，因为她们懂得退一步海阔天空，因为她们懂得聊天不是辩论，没必要非分个是非对错、你输我赢；因为她们懂得，赢得辩论的最佳方式是避免辩论。

董卿真的是个能言善道的人，说一句舌灿莲花也不为过，但在日常生活中，她却并不那么爱说，和朋友、同事相处时，也从来都没有争过什么，即便是面对一些无伤大雅的小指责、小玩笑，她大多数时候也都会一笑而过。

这种"不争"，就像是浸透了沙滩的彩色，不仅蔓延了她的职圈，也渗进了她的生活。

众所周知，董卿有个"非常非常非常严厉"的"虎爸"，以前，她总是"像轮子上的仓鼠，忙于满足父亲的各种决定"，却又"总是无法达成父亲的各种期待"，父亲在董卿青春懵懂的年华里，扮演得最多的其实是让人敬畏的角色。有的时候，对父亲的"决定"，她也很是不认同。毕业工作、一步步地成长起来后，这种不认同在逐渐加剧，父女二人的三观越来越不合，对很多事情、很多人的看法分歧也很大，但是，不管多不喜欢父亲"你这么样那么样"的唠叨指责，多么不认同父亲的做法，董卿都没有和父亲面红耳赤、针锋相对地争执过，甚至，屡屡让步。

她说："幸福的家庭，从来不是三观相合，而是不争对错。"

人和人终究是不同的，哪有那么多的三观相合，老一辈的人崇尚俭省、严厉自持，出门就会关灯，隔夜的剩菜会拿来吃，习惯了劳动，总是不愿意停下来"享享福"，这是他们的人生观、是他们的思维定式，坚持了一辈子，难以改变。

所谓新老一辈之间的代沟，大抵也源于此，可这样的事情，哪有什么是非对错，与其坚持要分辨个明白，倒不如不争不辩，图个幸福和乐。

心理学上有一种很常见也很奇特的现象，叫作基本归因偏差，用通俗的话讲，就是出现问题、争执、矛盾时，如果原因在别人，我们会认为那就是别人的错，如果原因在自己，我们会认为是外部环境因素的影响。

在这种普遍的心理下，一旦沟通的过程中出现意见、观点的不一致，人的第一反应就是去反驳、去争辩、去试着说服对方，以证明"错"不在自己。可是，说实话，这其实没什么意义。

无谓的争论，不能带给我们任何东西，相反，执着于聊天中的是非对错，会让我们失去很多东西，譬如，别人的好感、譬如亲情、譬如友情、譬如其他。

杨绛先生在《我们仨》中讲过这样一件事：在出国的渡轮上，她和钱锺书先生为了一个法文读音吵过一架。钱先生的发音带着浓浓的乡音，很不标准，杨先生给他指出来，他不服，还说了许多伤感情的话。杨先生自然也针锋相对，"尽力伤他"，最后，两人还请了同船的一个法国人来公断。结果证明，杨先生没有错，她是对的。可这场"胜利"给她带来的，却也不过是一场"不开心"罢了。

富兰克林说："如果你辩论、争强、反对，你或许有时候会获胜，但是这种胜利非常空洞，而且，你会失去对方的好感。"

相比于暂时的、口头的"胜利"，获得另一个人长久的好感显然更重要一些。只是，很多时候，尤其是性格比较强势的女人，却意识不到这一点。

钟燕和雨菲一起去参加领导女儿的生日宴会。

宴上，大家一起闲聊，不知不觉，话题就从生日扯到了感恩上，钟燕身边的一位男士微笑着说了一句："莎士比亚说'感恩即是灵魂上的健康'，我们都要做健康快乐的人。"

钟燕听了，眉头微微一皱，提醒说："先生，这句话不是莎士比亚说的，是尼采说的，你搞错了。"

男士听了，很不高兴："不，不可能，女士，是你错了，这是莎士比亚说的，我记得很清楚。"

两人谁也不服谁，开始你一句我一句地争论，情绪渐渐有些失控，本来在另一边与旁人寒暄的雨菲发现这边出了状况，赶紧过来打圆场，钟燕却拉住她，让她评理："雨菲，你对哲学很有研究，你来说说，感恩即是灵魂上的健康，这句话是谁说的？"

"燕子，你错了，这话是莎士比亚说的，这位先生没错。"雨菲笑了笑说，并替钟燕给那位先生及周围的宾客道歉，然后，拉着她去了洗手间。

"雨菲，你撒谎，你明明知道我才是对的！"到了洗手间，钟燕爆发了，她觉得好朋友"背叛"了她，很不够意思。

雨菲摇摇头，握住钟燕的手，很认真地说："燕子，我知道你是对的，可是，我们只是客人，为什么一定要和别人争个对错呢？争赢了，别人就会喜欢你吗？而且，这是领导女儿的生日宴啊，这么争执，不是闹场吗，落了领导的面子，领导能不怨你？"

雨菲的话如醍醐灌顶，让钟燕恍然大悟，同时，也惊出了一身冷汗。

无休止的争论，不分个对错不罢休的好强除了妨碍人际关系，让我们变成人群中"不讨喜"的那个人，能有什么益处？

　　聊天、沟通，目的是为了加深了解、增进友谊、拓展人脉、愉悦气氛、顺利办事，它不是严谨的科学研究，没必要太较真。很多事情，世间哪有什么绝对的是非对错，不过是不同的人不同的看法罢了。

　　一个能言善辩，把所有的客人都辩得哑口无言的推销员是卖不出东西去的；一个争强好胜，把身边所有的人都比下去的女人是收获不了好人缘儿的。

　　聊天不是辩论，没必要非得分个是非对错，为一些无关紧要的事情和人争论不休，可不是一个聪明女人会做的选择。

get 到对方的兴趣点

　　每个人聊天的时候都想聊自己，聊自己的感觉，聊自己的生活，聊自己的工作，聊自己的理想，聊能聊的一切。所以，这个世界的真相是：即便你没有义务为别人的兴趣买单，聊天的时候，也请以对方为话题中心，get 对方的兴趣点。

　　一位博学儒雅、风度翩翩的经济学专家更感兴趣的肯定是通货膨胀、汇率利率、CPI、GPI、恩格尔系数，而不是莎士比亚、柏拉图、歌德或者黑格尔。一位饱经沧桑、面朝黄土的农村老大爷更感兴趣的肯定是除草、施肥、农业技术、庄稼把式而不是叙利亚、萨达姆、小猪佩奇或者"可可香奈儿"。所以，能在任何场合和所有人都谈笑风生的女人必然深谙有的放矢、抓准兴趣点的妙处。

　　见什么人说什么话，到什么山唱什么歌，共情共语，兴趣先导，这一点，董卿做到了十二分。

和迟福林老爷子在一起的时候，她会兴致勃勃地和他谈云南的改革、谈改革的种种艰辛、谈改革的成绩、谈那些年风里雨里走过来的不容易。

面对罗大佑，她会耐心地倾听他的音乐故事，和他谈他的歌，他的创作之路，他那些被认同、被赞美、被非议，也被铭记的过往。

相遇俞敏洪，她会微笑着和他谈谈新东方，谈谈屡败屡战的高考路，谈谈北大的求学生活，谈谈当年白手起家的酸甜苦辣，谈谈功成名就后的所思所感。

牵手郎平，她会和她说说女排的峥嵘岁月，谈谈感恩与支持，谈谈运动员光鲜背后的笑与泪，谈谈未来的发展与祈望。

言值并没有一个确切的度量尺度，但会说话的女人却总能如董卿一般，通过"兴趣点"，在你我他 / 她之间氤氲起一片相交忘年、相谈忘时的气氛与情怀。这种气氛，这种情怀，也是沟通成功最有力的保障。

那么，这个"兴趣点"到底要怎么 get 呢？

秘诀一：学会从倾听中获取信息

任何揣度都会出现偏差，哪怕，你觉得它正确的概率是 99.999%。

所以，与其自以为是地去揣测，去猜度，去为对方"臆想"一个可能感兴趣的话题，倒不如认真倾听她 / 他说的话，从字里行间提炼有用信息，来得更保险。

明霞是一家都市杂志的摄影师。

杂志社要做周年特刊，邀请国际名模吕莹做封面模特，吕莹同意了，但是，在封面拍摄的过程中，她的态度却很冷淡恶劣，拍摄时也不怎么配合，这让明霞很是苦恼。临时换模特肯定是不可能了，要想顺利完成任务，只能试着和吕莹好好沟通、打好关系。

吕莹是个名模，时尚圈子的大拿，明霞想着和她聊聊时尚圈子的各种事情，服装发布会啊，超模大赛啊，应该不会惹她反感，为了让自己看上去不那么外行，她还专门做了功课。甚至，为了以防万一，她还去搜了吕莹的个人资料。

可是，第二天，她好不容易找了个机会和吕莹聊天，刚开口聊了几句时装和水晶首饰，就被顶了回来："你烦不烦？这些破东西我耳朵都听出茧子了，你还拿来说？你以为你是黄毛鸣人？以为自己嘴炮无敌啊？"

被毫不客气地怼了回来，明霞皱眉，脸色很尴尬，心里也很疑惑，网上的资料不是说吕莹最感兴趣的就是时装了吗，还超喜欢施华洛世奇的水晶制品，难道都是假的？

想了半天，也没想出个所以然。和吕莹的沟通又不顺利，她心里乱糟糟的。有时候真想撂挑子不干，谁想来伺候这么个祖宗谁来，可是……谁的生活容易呢？她决定再努力努力。

这次，拍摄进度也很糟糕，吕莹拍了一半就走了，她走的时候，明霞还隐约听到了她对助理的咆哮："脑子呢？你的脑子呢？被寄生兽寄生了？不是告诉你要钉紧的吗，这可是我花大价钱从国外买回来的十二小强手办，再去催！"

真是个脾气恶劣的家伙儿！名模了不起啊？！明霞愤愤地想。

哎，等等，十二小强？寄生兽？鸣人？想想吕莹今天脱口而出的话，明霞眼睛一亮。她似乎知道吕莹喜欢什么了。

于是，再次约好时间拍摄的时候，明霞给吕莹带了个小礼物，是个很精致的鸣人手办，之后，她找了个借口和吕莹聊了起来，这次，没聊时装，没聊工作，而是聊《火影忍者》的剧情，聊新出的日漫，聊各种动画片。

果然，这个话题对了吕莹的胃口，两人聊了很久，拍摄的时候，吕莹也难得地配合起来。

无论是谁，无论他／她有多难缠、多警惕、多严肃、多冷漠，他／她的话语里多多少少都会藏着爱好、兴趣、性格、价值观的蛛丝马迹，只要我们认真倾听、找准关键词去倾听，总能提炼出一些令人惊喜的信息。不信，试试便是。

秘诀二：广撒网，多试探，定点爆破

如果你心思不够细腻，或者，没那么多耐心去倾听、接收并归纳信息，也别着急，其实，直截了当地试探也是个好主意。

聊天之初，先抛出些大众化的、不会引人反感的话题，比如生活、理想、美食、家庭、工作、追求、奋斗、孩子等等，具体的话题，因人因龄而异。比如，和女性聊天，就选择家庭、婚姻、孩子、减肥、美容、衣服、旅游；

和老年人聊天，就聊子女、往事、勤俭、戏剧和那个烽火连天的时代；和年轻人聊天，就聊动漫、手机、大学、脑洞、网络等等。

聊的话题广而泛之，多试探，多引几个话头，总能"逮"到对方比较感兴趣的那一个，"逮"住之后，再集中精力，对这个兴趣点集中定点"爆破"，打开对方的话匣子，触动对方最得意的那根神经，沟通自然而然便会变得顺利。

另外，说到这儿，还得提醒两句，无论你怎么试探，怎么引入话题，切忌在沟通的时候满口的"我怎么怎么的""我感觉……""我认为……""我……"，这样很容易让对方失去兴趣，甚至嫌恶。

摒弃"我"这个口头禅吧，它对你委实没什么帮助，相反，如果你愿意主动放权，多说几个"你觉得呢""你怎么看"，你肯定能很快找到对方的兴趣点，就算找不准确，你们，其实也能来一次尚算愉快的交谈。

开口前懂得照顾别人的感受

言可伤人，亦能动人，嘴上的成败，从某种程度上来说，确可界定人生的输赢。

言里的人生，亦是现实的人生，喜怒祸福，不过自招。

生活中，工作中，绝大多数人，绝大多数时候，总会一厢情愿地把人际交往中的种种不顺利归咎于不善言辞、不擅逢迎、不够圆滑、不知变通，却不知道，所有的不顺利，归根结底，其实全都源于你不懂照顾别人的感受，不曾谨言慎行。既然你忽视了别人的感受，那么，别人忽视你不也无可厚非？

会说话的、睿智的女人，之所以讨喜，就是因为无论何时何地，面对何人，在开口前，她们总会先想一想，总能推己及人、把别人放在心里、懂得照顾别人的感受。

主持《挑战不可能》节目时，董卿遇到过一位整容的女嘉宾，当话题涉及"为何整容"的时候，董卿没有直接提问，而是巧妙地换了一个词"非自然生长"。同样的意思，不同的表达，收获的自然也是不同的效果，事后，说到这次采访，女嘉宾表示对董卿很感激，观众们也赞叹董卿情商高、会说话。

是啊，每个女人都有追求美丽的权力，无论采取什么方式，其他人无可置喙。

避开那些会让他人尴尬的敏感词汇与问题，照顾别人的感受，尊重别人，其实，本就是一种修养。

话是说给别人听的，说话的最主要目的也是为了和别人更好地交流，如是，开口的时候，照顾别人的感受，自也理所应当。

没有谁喜欢总以自我为中心、口无遮拦的人，哪怕是最亲的亲人，最爱的爱人被忽略得多了，被"冒犯"得多了，也会恼羞成怒，更遑论其他关系不够亲密的同事、同学、合作伙伴或者陌生人。

女人可以貌不出众，可以才不出奇，却不可言不动人，而所谓"动人"，不过是情商高，会说话，懂得照顾他人感受。

王楠是某知名出版社的副主编，工作兢兢业业，认真负责，但杂志社上下，喜欢她的人却并不多。

一次，王楠和一位已经从社里离职的旧日同事在路上偶遇，相约一起去喝咖啡。

聊天的时候，同事笑语："王姐，你知道吗，虽然你给过我很多帮助，但有段时间，我其实特别不喜欢你。"

王楠皱皱眉，问为什么。

同事说："因为你让我很受伤啊。你记得吗，有一次，有本旅游类书籍要定稿，版面出了问题，我去找你请教，你大声吼我，说：'你怎么这么笨呢？这个问题我给你解释了不下三遍了！'你这么说的时候，周围的同事都用异样的眼光看我，我的面子都丢尽了，伤自尊啊。而且，事后，不少同事在背后议论我笨，你说，我能不对你有怨气吗？"

有些事，或许时过境迁，便不会再介怀，但有些事，即便过了很久很久，也依旧难以释怀。

语出似箭，一入人耳，有力难拔，言可成人，亦可误人，可诲人，亦可毁人，可动人，亦可伤人。为什么有的时候，无论你多么努力，别人依旧不愿意与你深交？为什么有的时候，不管你多么主动，人缘依旧一如既往的糟糕？很简单，不懂照顾别人感受的你，一张嘴就把人给得罪了。

在《蔡康永的说话之道》一书中，台湾著名作家、主持人蔡康永先生这样说："你越会说话，别人就越快乐，别人越快乐，就会越喜欢你；别人越喜欢你，你得到的帮助就越多，你会越快乐。"

成人者成己，要成己先成人，做事如此，说话也如此。

一日，美国文坛巨匠、著名小说家马克·吐温因故要在某座小城停留一晚。

临行时，友人告诉他，那座小城蚊子特别多，而且特别毒。

到达小城后，马克·吐温来到一家旅馆，在前台做入住登记时，一只大蚊子肆无忌惮地在马克·吐温面前盘旋，飞来飞去，飞去飞来，这让前台的服务员很尴尬，想要解释，却不知道该怎么解释。

这时，马克·吐温却笑了笑，没抱怨这里条件差，蚊子多，而是满不在乎地说："贵地的蚊子比传说中还要聪明，竟然知道提前来看我的房间号码，以便夜晚光临，饱餐一顿。"

听了他的话，服务员忍俊不禁，哈哈大笑。

当晚，马克·吐温睡得十分安稳，没有一只蚊子去骚扰他。因为，旅馆所有的服务员都心甘情愿地当起了人形自走驱蚊剂，帮他把所有"光临"的蚊子都赶走了。

会心一语，胜过万语千言；你用言语赋予了别人尊重、愉悦与快乐，别人自然也会给你相应的回馈，这回馈，或许是一言，或许是一行，或许是一个微笑，或许是一个赞许的眼神，但无论是什么，终归是一种善意与好感的表达。从交际的角度来看，这种善意，这种认可，无疑至关重要。

当然了，我们在这里讲贴心，讲会心，讲开口前要懂得照顾别人的感受，并不代表，要枉顾自我，一味地逢迎，一味地顺从应和别人，而是说，要把别人放在心上，不忽视、不蔑视，在大方得体地表述自己的观点和主张的同时，多照顾对方的情绪，恰当的时候做恰当的表达，不逾越，不冒昧，不让别人难堪。

　　言里有百态，言里有人生，喜怒哀乐，皆从口出，是祸是福，不过自招。想要做个说话讨喜的人，就得先学会照顾别人的感受，成人者方成己，这一点，千万要牢记。

妙语为砖，抛砖引玉

一座人，一座城，与人沟通，就似攻略城池，攻城"三十六计"，计计绝妙，最妙者，当属抛砖引玉。

抛砖引玉，是一种以"诱引"为核心的胜战之计，胜在"以类诱之，以类引之"，以浅诱深、以引诱彩、以素诱华、以低引高，"诱"与"引"的关键，不在于"玉"，恰在于"砖"。不同的场合、不同的情境、不同的时间地点、不同的人物、不同的目的，需要的引"玉"之"砖"也截然不同。

日常交际中，最常见的"砖"，其实正是我们本身。

潘蓉是一家漫画杂志社的美工，性格开朗，长袖善舞，精于察言观色，同事们都很喜欢她。

这天，杂志社的领导把所有的骨干都召集起来，开了个策划会。会议的主旨只有一个，构思一个以星空为主题的青春动漫，参加下半年举办的动漫节。

潘蓉是美工，实际上就是"打辅助"的，构思这种事，她并不在行，本来嘛，她也没想在会上出头发言，但是，社里的编剧们不知道是暂时没有好的想法，还是太矜持，都没说话。潘蓉想了想，就先开了口。

她说："我是做美工的，不擅长这个，但是青春偶像剧、肥皂剧什么的看了不少，也有些灵感，我有个不太成熟的构想，先说出来，给大家参考参考，也算是抛砖引玉了。"之后，潘蓉就根据平时看的那些青春剧套路，结合星空这个主题，说了一个科幻类的梗。

实话实说，这个故事并没有什么新意，很俗套，但是，她这一开口，就仿佛是一把万能钥匙，打开了所有人的话匣子，编剧们纷纷开口，针对她的故事做了一番委婉的纠正，还相继提出了自己的设想，大家你一言我一语地热烈讨论起来。见状，领导不由向潘蓉投去一个赞赏的目光，对她的印象更好了一些。

类似的情境，生活中、工作中，其实比比皆是。

会说话的女人，总是很乐于成为一块哪里需要就往哪里搬的"砖"。

毕竟，喜欢赞美是人的天性，喜欢自我夸耀也是人的天性。只不过，人都是爱面子的，尤其是国人，崇尚谦虚，崇尚谨慎，崇尚低调，纵便是本身光芒再耀眼也不可能主动自吹自擂，这个时候，能适时地递个话头、递个引子，让对方"自夸""被动"地展现下自己优秀的人，无疑会极受欢迎。

董茵是位服装设计师，对服装穿搭、设计等都有自己独到的见解。

一次，朋友小聚，乔乔说她要作为公司的谈判代表去法国出差并代表公司参加一场慈善晚宴，她没参加过这样的宴会，不知道到时候该怎样穿搭，想让大家指点她一下。

这方面，董茵十分在行，她还专门设计过几款宴会礼服，只是，她和乔乔并不熟悉，平时也很少交流，算是半个陌生人，之所以凑到一起，也不过是因为两人有共同的朋友罢了，并不是一个圈子的人。

董茵有心说两句，又不好主动开口，还担忧若是自己贸然说了，会让人觉得是在显摆，所以，几次欲言又止。

这时，董茵的朋友淳淳开了口，她说："我觉得若缇诗6月份新推出的那款红色晚礼服就不错，鲜艳明媚，剪裁也大方，看着很漂亮。不过，我是个门外汉，懂得不多，也不知道慈善晚宴上能不能这样穿。这方面，其实我们茵茵才是行家呢。"话毕，她笑着招呼董茵："茵茵，别藏着掖着，快来给乔乔参谋一下，快来，我们要听专业意见。"

闻言，董茵顺势接过话茬，谈起了若缇诗，谈起了礼服的选择，还专门针对乔乔的气质、身材、五官为她做了最适宜的搭配，让在场的女伴们叹为观止、很是佩服。展现了自己的董茵亦神采飞扬、十分开心。

通过这件事，她觉得淳淳真的是个很贴心、很善解人意的姑娘，对淳淳更发自内心的多了几分亲近。

以己为砖，抛砖引玉，抬高别人，成就沟通，是话术中比较大众的一种策略，但却不是唯一。

"砖"嘛，追根究底，就是个引子，自己不愿意或者不好意思说的话，也没关系，换一换便是。

2018年5月，《朗读者》请来了"一支笔，一辈子，为生命作画"，曾经"美哭过无数人"的中国植物画第一人曾孝濂。

在对曾孝濂进行介绍的时候，董卿很是巧妙地以名人名言当"砖"，秀了一把高情商的"抛砖引玉"。

她说："美国哲学家梭罗曾经这样表达过对自然、对生命的看法。他说：'我步入丛林，我想知道生活的意义，我从中学习，免得在生命终结的时候，好像从来没有活过一样。'那接下来我要为大家请出的这位嘉宾叫曾孝濂，他和梭罗一样对大自然、对植物充满了爱。从20世纪50年代开始，他和全国的几百个植物学家、植物科学画家，一共用了45年的时间编撰出了全世界最大型的、种类最丰富的一套巨著《中国植物志》……"

能成为"玉"之引的"砖"其实俯拾皆是，应景的时候，万物、万事都能为"砖"。

然而，这并不代表着，在社交场里我们就能随便地抛砖。"砖"的选择也是有讲究的。

首先，要做到"类"。也就是说"砖"与"玉"从一定程度上来说要类似、要相近、要有相同的趋向性。你不能指望通过"香蕉苹果梨怎么吃"引出"太阳耀斑爆发的物理依据"，因为本就风马牛不相及。

其次，抛出的"砖"质地不能太差、层次不能太低。"砖"若比"玉"稍稍低上那么一两个档次，引出"玉"的概率自然极大；可两者若是档次、层次相差太大，那抱歉，人家根本就不屑于和你讨论这个问题，因为，觉得会拉低自己的水准。

再者，"砖"也不能随便抛，抛之前也得看清对象，尤其是一对一地抛砖引玉，最好先了解对方的大体水平和水准。若是对方没有"玉"，你贸然地把"砖"抛出去，最大的可能，不是引"玉"，而是"砸"对方个"头破血流"，不但达不到沟通交好、追捧赞美的效果，反而会大大地得罪人。

妙计虽妙，用时，也需谨慎。"砖"不能轻抛，不能频抛，抛出的时机、对象也要适度甄别把控，不可肆意。这一点，请务必谨记。

站在对方的立场说话，更容易打动人

命运天平的两端，始终挂着等重的砝码，有得必有失，有舍才有得，世事皆如是，"言值"的修炼自也不例外。

没有谁能不付出任何努力便舌灿莲花，也没有谁能不行不走、不探不索便直上终南。

现实生活中，常有人抱怨说话难，说好话更难，觉得别人太难沟通，自己无论怎么说都是个错，但纵便千人千面，谈的也不外柴米油盐，有的也不外喜怒哀乐，之所以"难"以沟通，归根结底，还是我们在开口时，做的便不是一场诚恳的交换，奢望得太多，付出得却太少，完全不等量。

换言之，我们总希望交际的对象能善良、宽容、体谅，能体味我们话里话外的真情真意，能顺着我们的想法说下去、做下去……却从未想过，听到我们的话，别人到底会怎么想、怎么说，或者，更确切地说，是我们从未想过，若角色对换，别人对我们说了同样的话，我们会怎么想、怎么说。

一位女士在家中宴客，请了许多朋友，眼看着约定的时间就要到了，还有近一半客人没有到场。女士有些着急，就抱怨说："怎么回事？该来的客人怎么还没来？"

什么意思？该来的没有来，那我们这些已经到的就是不该来的了？

女士的话，让在场很多客人感到不快，有一部分，径自转身离开。

这下，女士更急了："哎，怎么搞的，不该走的怎么全都走了？"

留下来的客人闻言，个个脸色铁青，不该走的走了，那该走的呢？没走！敢情，我才是该走的那个。

于是，也负气离开了。

场面一时很是尴尬，只有女士的一位闺密留了下来。

"你说话也太不注意了，开口前总要想一想，否则，很容易造成误会的。"闺密如是劝说。

女士觉得又委屈，又冤枉，眼泪汪汪地看着闺密，解释说："我不是那个意思，我不是叫他们走啊！"

不是叫他们走？那是叫我走喽？闻言，闺密也很是恼火，气哼哼地离开了。

或许，许多人觉得，之所以场面会如此尴尬，不过是因为听者太多心、太敏感，把话理解岔了。然而，说者若不粗心，听者又哪来的机会多心？遭遇沟通障碍，与其怪别人敏感、事多，倒不如反躬自省，想想自己是不是太自我、太粗心，说话做事，从没站在他人的角度考虑过。

《中国诗词大会》第一季，被誉为"东方维纳斯"的张超凡惊艳了无数人。

这个被上帝遗忘了左臂的女孩，在岁月的磨砺中，"自信水流东，花开半夏"，真正活成了自己想要的模样。

节目现场，她娓娓地诉说了自己缺少彩色的童年，说起了身体缺陷给她带来的一些困扰和不愉快的经历。

嘉宾、评委都被感动，眼含泪光，一心怜悯。

若换作其他急功好利的主持人，瞅准这个机会，煽动一下场上观众、嘉宾与选手的情绪，或许，便能为节目增加一个大大的看点，说不准，就能搏个出彩的收视率出来。然而，深谙其中诀窍的董卿却没有选择这样做。

她觉得，张超凡需要的不是同情，不是眼泪，不是怜悯；设身处地地想想，若换成自己是个残疾人，站在台上，被一大群同情、怜悯、甚至俯瞰的目光包围，那肯定是件很难受的事情。每一个身体有残缺的人，最希冀的其实都不是同情怜悯，而是平等尊重。

所以，在该煽情的时候，董卿选择了沉默。她没煽情，也没对张超凡表示同情，而是很贴心地说了这样一段话。她说："其实我们每一个人都不完整，只不过有些是看得见的残缺，有些是看不见的。但在你身上最宝贵的是，你用你的乐观、坚强、勇敢去追求了一颗完整的心灵。"

闻言，张超凡展颜微笑，眉眼弯弯，明媚如阳光。

许多女人做事不成功，人缘差，不受欢迎，不是因为笨嘴拙舌，而是因为从来不懂得换位。

面对不同性格、不同出身、不同背景、不同好恶的沟通对象，亲爱的你却祭出了千篇一律的"我觉得"。

诚然，从自我的角度出发，去思考，去行动，也没什么错处，但是，"我觉得""我认为""在我看来"终究只是"我"的自以为是，与对方无关。"我"觉得"是"，别人却并不这么觉得，于是，鸡同鸭讲，缺少换位，话不投机，沟通自然也便进行不下去。相反，若能知彼解己，站在对方的角度去思考、去交流，沟通起来，自然事半功倍，说不定，还能收获一些惊喜。

《鲁豫有约》节目曾邀请过当红女星赵薇做嘉宾。

节目中，鲁豫和赵薇聊到了明星成名后如何应对媒体或娱乐记者"骚扰"的话题。

这个话题其实很敏感，一般明星都不愿意正面回答。因为回答不好，很可能会得罪一个圈子的人。但赵薇却正面回应了这个问题。她说："演员需要媒体帮忙进行宣传，但有时候也害怕受到一些媒体报道的影响。我现在就是，有工作要宣传就出来宣传，但绝不主动炒作。"

赵薇如此"配合"，自然不是因为和鲁豫有多么亲密，也不是事先就串好了词，而是因为鲁豫的提问很有技巧，身为"媒体人"的她是真的设身处地地站在"明星"的角度去思考问题的，她是在为赵薇鸣不平，她直言明星"被一些事情伤害，或者说被咬一口之后，就知道怎么保护自己了"，她的问题也很"善解人意"，比如她问："你有没有觉得自己有时候很傻，就是接受记者访问时说了一些不该说的话。"又比如，她问："你为此偷偷掉过眼泪吗？"一字一句，诚恳动人，无不是在为对方考虑，巧笑嫣然，投之以桃，那对方自然也会报之以李。

言有千般，千种意思，千种表达，最能打动人的，却只有站在对方立场上说出来的话。

毕竟，站在对方的立场上说话，不是无谓的矫情，而是一种实实在在的将心比心，角度的切换，能帮我们更准确地抓住对方的情感痛点与关键点，以点带点，契情合意，无形之中，便能将沟通的难度降到最低。

当然了，换位思考不是互相交换糖果，有时候，因为人生高度、思维广度与深度、知识结构、出身环境等种种现实差异的存在，我们其实很难将自己的思维代入到另一种模式，去真正地契合另一个人。但是，难却并不代表不可能，而且，换位说到底，也不是真正地让甲去变成乙，而是让双方的思维、想法、价值观以一种"互换"的方式变得更贴近，并通过这种贴近来相互理解、达成共识、让沟通变得更顺畅罢了。

婉拒是一道善意的门缝

人生际遇种种，遭逢几般，总有些事情，我们不愿做、不想做、不能做，然而，直截了当地说"不行"又是那样地伤感情，没奈何，只好咬紧牙关、硬着头皮去允诺、去应承，却不知，只要佩上婉拒的轻红，拒绝也可以变得八面玲珑。

在《朗读者》之前，文化读书类综艺节目便已层出不穷，只是在被搞笑娱乐类节目霸屏的今日，地位注定极是尴尬。所以，节目筹备之初，不少人都建议董卿把《朗读者》作出几分华丽的晚会范儿，董卿没有说"不"，只是说"想要跟着自己的心走，不想让外在修饰遮盖内容本身"。

没有明确地表示拒绝，拒绝之意却已昭昭。

拒绝的话，永远是最难说的话，一个不小心，就会造成误会、引人不快，甚或，让双方反目成仇。

所以，生活中、工作中，能不拒绝的，我们就不拒绝，但其实，拒绝只要得法，也能皆大欢喜。

就像董卿，她虽然拒绝了别人的提议，但却没谁觉得不应该，也没谁觉得她不识好歹。

婉拒的魅力，便在于此。

婉拒，目的是拒，关键却是婉。婉，是委婉，是曲婉，是柔婉，寻的是适当的理由、借口，避的是直接、直白、不知缓冲。

婉拒的方式有许多，最常见、最常用、最有效的方式有五种。

第一种，风趣法。

拒绝并不像许多人印象中那般一定要郑重其事，相反，以幽默为润滑剂，用半开玩笑半认真的态度来推拒，有时候，更易让人接受。

"十一"黄金周即将到来，朋友邀请孙然一起欧洲七日游，孙然刚刚交了半年的房租，囊中实在羞涩，不想去，又不能直接和朋友说我没钱不去了，便笑嘻嘻地对朋友说："亲爱的，其实我也特别特别想要陪你去，可是，你知道的，我也算是有家室的人了，早在一个月前，我男朋友就把我的假期给预定了。"朋友当即笑骂了一句"重色轻友"，却没生气。

第二种，拖延法。

有的时候，有些事情，我们应承也不是，不应承也不是，那么，不妨采用拖字诀。

刘爽大学毕业后，选择了自主创业。

起早贪黑、殚精竭虑地奋斗了五六年，终于把生意做得红火起来。

二舅家的表妹，从小就不学无术，初中还没毕业就辍学，多年来，一直在社会上厮混，还染上了赌博的恶习。

又一次赌输后，她找到刘爽，想要借钱，张口就要借两万。

刘爽对这个表妹很了解，知道把钱借给她，就等于打水漂，根本就不可能要回来。可是，双方毕竟是亲戚，要说不借，以后舅舅那里见面也不好看，于是，她就和颜悦色地对表妹说："妹妹，姐不瞒你，姐这公司吧，有一半都是靠贷款撑着的，流动资金并不多。这样，你开口了，姐再难也不能不借，你稍微等等，等下个月，我收回一笔货款，钱倒腾开了，就借给你。"

表妹一听，只好另想办法。

第三种，推脱法。

明面上不好意思拒绝，又不愿意承诺，找个适当的理由、借口推脱掉其实是个好办法。

蔡蔡带女儿去逛街，路过维罗童装专柜的时候，女儿被里面一件粉红色的公主裙吸引住了，想要买回家。

蔡蔡看了看标价，一条裙子要5888，她一个月的工资都没有这么多，实在是买不起，于是，她一脸遗憾地看着女儿："宝贝儿，妈妈也想满足你的愿望，可是，我把钱包落在家里了。"

第四种，装傻充愣法。

装傻充愣，分两种情形：一种是装聋作哑、保持沉默；一种是答非所问，含糊其词。

很多时候，无言其实就是最具权威的发言；有时候，沉默本就代表着一种态度。

1953年，英法美三国在百慕大举行会谈。

与会的三国领导人分别为英国首相丘吉尔，法国外交部长皮杜尔，以及美国总统艾森豪威尔。

会谈过程中，三方就经济、军事等各方面的问题进行了磋商与讨价还价。

彼时，英国首相丘吉尔已经79岁，于是，就以上了年纪为借口，遇到敏感问题或者与英国利益无关的问题，就装聋作哑，假装听不清、听不到、不予回答。而碰到他感兴趣的，或者和英国利益有关的问题，他立即就变得耳聪目明、口舌伶俐。让人很是无奈。

如果，情况不允许我们沉默以对，但因为种种原因，我们既不能正面给出答案，也不能拒绝回答，那么，顾左右而言他，含糊其词，则不失为上策。

"监听丑闻"发生后，美国总统奥巴马面对盟友们的质询与指责，根本就无法正面做出回应，但也不能拒绝回应，于是，他采取了含糊策略。他说：

"我是各种情报的最终使用者，但是我们可以看到，他们（情报部门）接触的信息范围很广，我们为他们提供政策方向，但是，可以看到，他们的能力在不断扩大。我正在对他们发起一项评估，以证明他们能够做到的并不代表他们就应该做。"

第五种，转移法。

不是所有的请求都是无理的。

事实上，很多开口求助的人的确是有其现实的、不得已的难处，而且，既然对方选择向你求助，就表明他/她对你的能力、人品是信任的。这时候，贸然拒绝，未免会让人大失所望。

然而，不拒绝的话，我们又真的做不到，这个时候，与其找各种貌似合情合理、完美无可挑剔的理由来回绝，倒不如直接把自己的难处和苦衷向对方说清楚、说明白。

换言之，你得让对方明白你的苦衷，同时，不能对他/她的事情表现得无动于衷，再巧妙地将他/她对你的诉求与期望转嫁出去，如是，才算拒绝得圆满。

聊重若轻，笑语温醇

生活是一首莫测的歌，高亢里呢喃着低调的河，谁也不清楚音符间跳动的是春花艳阳，还是狂风骤雨，但总有那么一些人，能用温醇的笑语将墨夜拗成晴明，将凛冬兑为盛夏，将所有的苦难、挫折、沉重、伤痛全都化作一片明媚轻盈、笑语欢声。

2006 年 8 月，演员胡歌遭遇严重车祸毁容，随行的助理丧生，为了治疗脸上的疤痕，那段时间，他每天都要扎一百多针，痛到麻木，痛到彻夜难眠，对他而言，那场车祸，就是梦魇。

2018 年，胡歌作客《朗读者》，也谈到了几乎改变了他整个人生的车祸。

这个话题委实是有些太沉重，然而，董卿却化腐朽为神奇般，将它聊成了一片和乐。

当胡歌因车祸露出绝望与愧疚的神态时，董卿说："《琅琊榜》中有一句台词是，既然你活下来了，就不能白白活着。"不着痕迹地将直面死亡的沉重转移到积极阳光的对生命意义的探索和活着是要做一些事情、有特殊使命的。

当胡歌谈到脸部的恢复，提到眼睛旁边那块还有些痕迹的疤时，董卿说这样的胡歌"整个人外形比以前还帅，更加有一种男人气质，忽然觉得那不是现在的胡歌是另外一个人，因为更加稳重成熟了"。

伤痕是男人的勋章，车祸对胡歌而言或许是生命的又一种涅槃，他很勇敢，而将这份沉重的勇敢从沉重中带出的董卿，却又别有一番与众不同的明媚。

事实上，生活原就是喜怒哀乐的夹杂，没有无休无止的痛，也没有源源不竭的乐，痛并快乐着，大概才是我们每个人的生活常态。由是，当我们聊起生活，虽然不会刻意提及，但有些时候、有些场合，却总难免要遭逢一些沉重，无论这沉重属于自己，还是属于别人。这个时候，与其摆出一副上天已辜负了我们无数次的恨苦姿态，倒不如用一片轻松来替代这份沉重。

从美国留学归来后，一切"归零"的状态曾让董卿很是不适应，从主持人到制作人的身份置换，也让她明白，有的时候，并不是只要你愿意发光发热就能马到功成。

《朗读者》与观众见面之前，董卿几乎承担了所有的负重，做策划、写台本、拉赞助、串词、跑关系、请嘉宾、做汇报，可谈到那段足以以辛酸与艰难定调的岁月时，董卿却流露出了一种难得的轻松，幽默地调侃说，那时候的自己是"一个念头在脑中，两页策划在手中，三个散兵起步，四处化缘磕头"。熬夜了，通宵了，她轻快地表示这是一种荣幸，能让她欣赏到北京凌晨各个时段的夜景。

《朗读者》成功了，董卿的身体却被过度透支。整个人形销骨立，头上的白发渐渐增多，眼角更生了许多鱼尾纹。这样的"变故"对以爱美为天性的女人来说，简直就是一场"毁灭性的灾难"。但作客《人物》访谈时，董卿却没避讳这个对她而言很是沉重、带着悲伤的话题。她说："我就觉得鱼尾纹啊、斑啊这些事情并不是很重要。就像是你挣脱了束缚以后，你获得了某种自由，那种奔跑的速度带给你的满足感和兴奋感，让你已经不在乎说风力有多少、周边是不是还有一些什么东西在阻挡你。"

聊重若轻的最大魅力就在于能认知沉重、正面沉重却不沉浸于沉重，能以或柔和、或温暖、或正面、或委婉、或诙谐的话语将气氛与话题向着积极的、明媚的、向上的方向重新引导，从而扼止悲伤，予人以希望。

《天下女人》有一期，专门采访了中科院研究生院教授杨佳。

杨佳身上的光环很多，但再璀璨的光环也掩盖不住一个黯淡的事实：她是个盲人。

眼盲大概是所有身体残疾中最残忍也最残酷的一种了吧，那种把黑暗当作生命底色的感觉，若非亲历，实在难以切身地体悟。

为了成功，杨佳付出了太多太多，她过于坎坷的人生经历也让人无限动容。只不过，《天下女人》是励志节目，不是造作的煽情节目，杨佳本人也无须来"卖惨"求同情，所以，当意识到话题与气氛实在是太过沉重时，主持人杨澜用一句"你现在对声音很敏感，对吗？"带活气氛，转移话题导向，当杨佳提到"我变成了用另一种方式来看世界，去领悟世界，就像你之前在主持《正大综艺》时说的'世界真奇妙'"时，杨澜笑着接茬："不，你应该这么说，当初我是说'不看不知道，世界真奇妙'，你要说'不看才知道，世界真奇妙'"。言讫，全场欢笑，掌声雷动。

　　作为女人，我们有义务与责任对自己好一些、再好一些。悲伤啊，烦恼啊，挑战啊，负担啊，应该只是生活的调剂，而不是生活的全部。

　　谁不愿意抬起被压得佝偻的腰，迎着阳光奔跑？所以，每一个会说话的女人都懂得，聊天是为了减负，而不是增重，聊天就该聊重若轻，将阴雨聊成阳光的味道。

第
六
章

睿语昂然，一派从容惊风雨

不慌不忙，便是优雅

偶然与必然以 2 ：8 的比例交织成 10 分生活，于是，偶然与意外便成了生活带刺的美妆。

没有谁的人生能如开挂般一帆风顺到终点，生活中，总有一些事、一些人、一些状况让我们猝不及防。面对意外，太多太多的人选择了慌张，茫然的双眼中总带着无辜的伤，由是，那些总能巧言应对、不慌不忙、镇定暖场的少数人也便活成了别人羡慕的模样。

2006 年，《欢乐中国行》走进云南，在大理进行现场录播的时候，董卿不慎踩空，从台阶上滚落，腿部严重摔伤，被紧急送医。打过封闭、处理过皮外伤口，董卿坚持回到了现场，面对神色各异的观众，她没有慌张，而是从容一笑、温言笑语为自己圆场。她说："我真是为大理的景色所'倾倒'，倒在了三塔寺下啊。"

诙谐中略带几分俏皮的一句话，立即缓解了尴尬，赢来观众一片善意的笑声与掌声。

不管前一秒钟遭遇了什么、发生了什么，即便惊天动地，即便可叹可怖，只要时针还在追着秒针奔跑，你要做的便不是悲伤、不是着忙，而是不慌不忙地直面，是从容优雅地解决。

青歌赛赛场，BTV选送的女歌手在演唱时，演出服出了一点小状况，虽然问题不是太大，但因为是现场演唱，许多观众都看着呢，所以，气氛一时间真的是很尴尬。

这个时候，避而不谈或蒙混过关都不是什么明智的选择，要缓场，最好的方法就是直面。

于是，董卿带着三分得体的微笑，貌似很随意又不乏关心地问女歌手："刚才在演唱的过程中，我们都看到了你的演出服出了点小问题，这会影响你的发挥吗？"

女歌手回答："刚开始的时候有，但是投入到歌曲的表演中后就忘记了。"

董卿接话："我刚才从作为一名观众的角度来看，你表现得非常镇静，这是一个优秀的歌唱演员所具备的素质。"

事实上，不慌不忙的镇定从容不独是一个优秀歌唱演员所具备的素质，而是所有优秀优雅的人都具备的素质。

世间原便没什么完美无缺、天衣无缝，即便是事前计划得再周详、考量得再全面，依旧会有太多太多突然出现的"石子"会让我们迎风受伤，计划终究是赶不上变化的，所以，与其在意外面前怯懦地退后，倒不妨，展平你内心的彷徨，控制情绪，冷静思考，从容应对。

20 世纪 70 年代，美国一个代表团出访中国，周总理会见了他们。

会见过程中，一位美国官员不无傲然地说："中国人都喜欢低着头走路，而我们美国人却总是抬着头走路。"话中，讽刺鄙夷的意味满满。

随行的中国官员都很愤怒，美国代表团的部分人也深觉不妥，场面一度十分僵硬。

对此，周总理却只是微微笑了笑，不慌不忙地说："这并不奇怪，因为我们中国人喜欢走上坡路，而你们美国人喜欢走下坡路。"

总理的一席话，温润平和，不显棱角，却又柔中带刚、暗藏锋芒，尽展了一位大国总理面对突发状况时的优雅风范。

没有什么事情是不能面对的，也没有什么办法是不可解决的。意外当前，唯不慌不忙，自持冷静，方能镇定策对，优雅解决。急火攻心、冲动暴躁，除了会让自己手足无措之外，毫无用处。

带刺的美妆也是美妆，丝毫不减生活的倾城。无论遇到什么状况，你得相信，这不过就是本该出现的一次串场，镇定些，从容些，冷静淡然，不慌不忙，如是，你才能开挂般地通过言值活得让人羡慕嫉妒却没有恨。

令人赞叹的临场应变能力

　　人这一辈子，无论做什么事，都难免要和人打交道，既然是打交道，那或多或少总会遭遇难堪、挑衅、意外、反驳，被挤兑得哑口无言也不是不可能；如是，便会有那么一些人，因为沟通的难度超出了自己的掌控，而将脑袋埋进沙堆，自欺欺人般地去逃避、去躲藏，这些人，不是不会说话，也不是说不好话，而是严重缺乏临场应变的能力。

　　何谓临场应变能力？

　　说得简单一些，就是人对沟通过程中出现的一些不在计划与预料之内的紧急、突发状况及变故做出应急应对的一种能力。

　　这种应急能力，大体上可分为被动与主动两种。

　　因自身、外部等不可控的因素影响，在毫无准备的前提下，对意外状况进行处理的情况，属于被动应变。

　　《朗读者》第二期，董卿采访了姚明。

两人笑谈几句后，话题被转到 2008 年北京奥运会。

奥运会前夕，姚明的左脚因故严重骨裂，医生给出了数套治疗方案，让姚明自己选择。

姚明说："把奥运放在第一位的方案就是最好的方案，我就选那套。"

这种大气的选择，让董卿很是震动，便赞了一句："这是荣誉感的体现。"

只是，不知道是有心还是无意，姚明却并不"领情"，而是反问了一句："赢了叫荣誉感，那输了叫什么？"

或许，他只是在开玩笑，但这种诙谐，实在是有些欠妥当，那一刻，气氛真的是有些尴尬。

董卿显然也没料到姚明会这么问，这可不是台本上串好的词，但只是愣了一秒，她就巧妙地作出了应变。她说："你不是很喜欢特奥会运动员誓词中的一句话嘛，'让我去获胜，如果不能获胜，让我勇敢地去尝试'。"一句很对标的引用，就完美地化解了尴尬，脱出了困局，之后，两人相谈颇欢，节目进行得也很顺利，捏着汗的导演也松了一口气。

及时捕捉交流中出现的新的时间、环境、人物、目标、喜好等信息，通过自我思考，高速整合转换，将新的信息转换为新的话题，则属于主动应变。

纵观古今中外，所有能游刃应变的人，其实无不都是思维发散力极强、演技满级满点的高手。

被誉为"中国铁娘子"的前对外经贸部部长吴仪在改革开放进入纵深发展的那些年，参加过无数次外交谈判，和中国发展休戚相关的每一步，都少不了她在谈判桌上的奋发与努力。

她机敏、干练、睿智、沉着，思维灵活缜密，语言多变铿锵，谦谦风度，有理有节，即便是身处以男性为主导的谈判场依旧光彩灼灼，备受赞誉与推崇。

1991 年 4 月，美国贸易代表卡拉·希尔斯宣布，中国被美国列为"特别 301"知识产权保护条款重点国家，美国将在一个月后对中国展开为期半年的知识产权调查，若双方在调查结束之前无法达成有关共识，美国将对中国进行贸易制裁。

那个时候，苏联解体、东欧剧变，国际形势对中国委实算不上友好，再加上国内刚刚打开改革开放的局面，确立了对外招商引资的政策，此时，若是被认定为知识产权保护严重缺失，被制裁，对中国来说，打击确实沉重。

为达成共识，中美两国从当年 6 月开始，持续展开了数次谈判，作为谈判代表的吴仪全程参与其中。

第一次谈判，美国贸易副代表沃夫就盛气凌人地挑衅中方，说："我们是在和小偷谈判。"

面对这样的挑衅，动怒显然是不妥当的，不反击更不妥当，不失器量且强硬地回击成了当务之急。

其他外交官一时之间都没有反应，吴仪却扬了扬柳眉，一脸坚定、认真地对沃夫说："我们是在和强盗谈判，请看你们博物馆里的展品，有多少是从中国抢来的。"

一句话，让美方瞬间哑口无言。

良好的临场应变能力，是会说话的最重要表征之一。它决定着在人际交往中你能否遇山开路、遇水架桥，主动趟平沟通的种种障碍。

临场应变的方式与策略有很多，五花八门，没什么定式，会说话的女人也不会拘泥于定式，只要素质、思维、语言表达能力、情绪收放能力到位，应变，随机就好。毕竟，最佳的应变，不外"此时无招胜有招"。

情商在线，机智救场

有好些女人，总爱把我嘴笨、我不会说话、我心直口快挂在嘴边，但其实，亲爱的，你真不是心直口快，而是情商太低。

但凡你的情商稍稍在线，你也不能混得如此凄风苦雨。

董卿的情商是公认的高，这种高不仅体现在她的换位、她的体贴、她的坚守底线上，更体现在完美的救场与应变上。

2007年《欢乐中国行》元旦特别节目，零点的钟声尚未敲响，因为排档的失误，现场突然出现了两分半钟的时间空白。

事发突然，想要做任何补救都已经来不及，董卿被临危受命，安排去救场。

董卿很机智的以现场最后一个节目，莫文蔚献唱的歌曲《忽然之间》为引子，说了这样一段话，她说："真的，忽然之间，好像2006年就要过去了；忽然之间，好像2007年马上就要来到了；在回顾过去的2006年的时候，我在想，我能想起的……"

正在她即兴发挥、精彩煽情、话说到一半的时候，导播突然又告诉她："不是两分半钟，只有一分半钟了。"没奈何，董卿赶紧收束话头，准备做个简短的结束，只是，她的结束语刚刚起了个头，导播又火急火燎地告诉她："是两分半，是两分半！"

当时，董卿所面对的压力到底有多大，可想而知。

但她并没有慌乱，而是即兴延伸语句，以"真的，得到了许多"另起话头，用"欢乐的笑""感动的泪""奔波的苦"等诸多排比，以恰到好处的两个鞠躬、一声谢谢成功引起观众的共鸣，再用"真是怕时间不够长""怕礼物不够多""怕所有的祝福不够多""怕我们的祝福送不出"深情寄语；最后，还现场来了次零点倒计时。表现堪称完美。

这次经典的救场，被誉为直播史上的"金色三分钟"。

董卿高标的情商与出色的救场能力，一般人自然是望尘莫及的，但是只要情商正常在线，采用一些"取巧"的小策略，应景的时候，抖抖机灵，给别人递个台阶、救个场，收获几分好人缘还是没问题的。

策略一：借题发挥，顺向联想

这种策略很简单，在社交实践中也经常被运用，就是很自然的一种顺向推导，类似于看到鸡蛋想到鸡的那种。

比如，突然停电了，我们自然而然就会联想到黑暗、联想到蜡烛，就可以顺势说，这蓦然出现的黑暗，让我想起了小时候停电了，和爸爸妈妈一起点上几根蜡烛，一边吃饭，一边聊天的温馨场景。

策略二：以曲为直，巧解尴尬

这种策略，需要人有一定的随机应变能力和大开的脑洞，能够将某个词、某个句子以一种巧妙的方式进行合理的曲解，以缓解尴尬。比如，周恩来总理曾经把"马路"巧妙地解释为"马克思主义道路"；英国首相威尔森将反对者口中的"垃圾，狗屎"曲解为"对脏乱问题的关注"。

所有具有不确定性的、意思模棱两可的语言都能被曲解，甚至没什么歧义的语言也能被误解、巧解，究竟能"曲"到什么程度，"解"到什么程度，就得看说话人自己的底蕴与水平了。

当然，这种"曲解"操作起来还是有一定"技术"要求的，"言场新嫩"们还是不要贸然尝试为好。

策略三：将错就错，自圆其说

发生口误，委实是件很平常的事情，说错话了，为免引起误会，造成不快，不妨巧妙地将错就错，把话圆回去。

比如，朋友久别重逢，一起欢聚，畅饮多时，你兴奋地拍着朋友的肩感慨："亲爱的，和你喝酒就是痛快。"只是，一不小心，口误，把"痛快"说成了"痛苦"，朋友的脸色当即就变了。这个时候，与其说是口误，不如巧妙地圆一圆："人家不是说，酒逢知己千杯少吗，每次和你喝酒，就感觉怎么喝都喝不够，怎么说都说不完，可是能在一起喝酒的时间实在是太短了，你说我痛苦不痛苦？”

策略四：岔开话题，柳暗花明

面对一些不方便正面回答的问题或者十分刁钻的问题时，可以采用此策略。

比如大龄剩女、剩男被问及婚姻问题，刚毕业、还没找到工作的“啃老族”被问及工资问题等。

这种策略的精髓主要在一个“岔”字，只要“岔”开了，就算成功了一半，哪怕“岔”得有些生硬，只要不是太出格，也无伤大雅。

策略五：以攻代守，适当反问

最强悍的防守是进攻，最机智的救场是重新开场。

遭遇尴尬、难堪，被各种各样的话题、语言陷阱逼到了墙角，与其被动地防守，不妨主动进攻，以反问的方式原封不动地把问题踢回给对方。也就是所谓的“踢皮球”。

比如，被问住时，你可以笑着说：“这个问题问得真好，想必您对这个问题肯定有很独到的见解，能否赐教一二。”或者说：“这是我的隐私，你无权询问。如果你一定要知道答案，也不是不可以，请你先自己回答下这个问题。”

使用这个策略的时候，必需要注意的是，语言不能过激，情绪别太激动，温和一些，礼貌一些，若是你一脸狰狞、怒发冲冠地反问，亲爱的，不要怀疑，

你和他 / 她肯定会打起来。

　　类似的策略，还有不少，在日常沟通实践中，聪明的你也能主动创新，总结一些属于自己的小策略，小技巧，毕竟，策略无定式嘛。当然，重要的事情说三遍，策略奏效的前提是，你得情商在线，情商在线，情商在线！

　　如果不在线，也无妨，认真修炼，努力提高就可以。

　　在修炼情商之前，你得坚信，情绪是可控的。另外，你得明白，是行动在主导情绪，而不是情绪在主导你的行动。很多时候，你被负面情绪侵袭，都是因为你无所事事，太"闲"了，所以，不妨多出去走走，多运动，多听听音乐，做做瑜伽，哪怕盲目地逛街也好，适度地让自己忙起来，你会发现，你的情绪正在慢慢减负。

你的言语，该带些锋芒

没有见过你的疾言厉色，谁也不会懂你和颜悦色的好；没有听过你铮铮如铁的反驳，所有人都当你柔声细气；低进尘埃的卑微换不来绽放，一味地软语温存也换不来体谅，所以，亲爱的，有时候，你的言语，要适当带些锋芒。

别那么好说话，否则，你终究会受伤；别那么好说话，否则，你终将被自己的言语拗成最可欺的模样。

出身书香世家，气质如兰，端庄优雅的董卿，从来都极具亲和力。

台上台下，她活得始终如一，不娇柔，不造作，纤纤素雅，有力谦和，美人如玉。

和她说话，很舒服，很惬意，如沐春风。

有的时候，在一些无伤大雅的细节、不涉及原则与底线的小事上她也会秉着"吃亏是福"的原则去选择退一步，选择妥协。

或许，也正是因为她的妥协，她的宽容，让人找到了可趁之机。一些不良媒体疯狂地诋毁她、污蔑她，各种各样的谣言满天飞舞，其中，不乏极恶毒、极龌龊者。对此，董卿没有姑息，没有纵容，而是坚决予以了抵制与回击。

2014年，她选择停薪留职、赴美深造，网上立即就传出了她"出国待产"的谣言。

对此，一向低调的她，通过晒出生活近照的方式给出了回应。在照片下，她用不算太长却精炼的语言描述了自己的留学生活，以"当然会有困难，也会有孤独无助的时候，但我相信任何一段生命的过程都有他独特的意义，就算有人不理解甚至误读，我依然认为生命的意义在于开拓而不是留守。无论什么时候，我们都不应该失去前行的勇气"做了委婉而铿锵的回应。

不久之后，面对那些说她"小三上位""靠着美色爆红""傍上神秘富豪"的污蔑，她给出了更正面、更有力的回击，她说："我胜出，是因为虽然我并不比别人高多少，但我真的很努力。"

亲爱的，请不要把这个世界看得太好，也不要把这个世界想得太好。

也许不知道什么时候，骨感的现实就会一击即溃你丰满的理想。升米恩，斗米仇，当你为了照顾别人将言语里所有的棱角都削平拔掉的时候，也便是生活中所有的恶意向你蜂拥而来的时候。

青青和美珠是室友，合租了一家三环里的小公寓。

公寓不大，两室一厅，一厨一卫，客厅、厨房、卫生间公用。

青青是个都市小白领，在一家培训学校做咨询，朝九晚五，生活很有规律。

美珠是个夜场DJ，工作时间很不固定，经常傍晚出去，凌晨回来，还时不时会带朋友回来住，吵吵闹闹，青青经常在睡梦中被吵醒。但是，她觉得，室友之间应该互相体谅，没必要太计较，能忍的她都忍了。有时候，美珠把客厅、厨房弄得一团糟，她也会好脾气地说没事。

这天，因为领导临时布置了一些任务，青青在单位加了两个小时的班，非常疲惫。回家的时候，正碰到要出门的美珠，她就请美珠凌晨下班回来的时候小点儿声，不要吵醒她睡觉。没想到美珠当即便回了她一句："怕被吵醒你可以不睡啊，事儿妈！"似乎觉得这样还不过瘾，她又阴阳怪气地补了一句，"你的作息时间和我不一样，怪我喽？"说完，摔门而去。

门被关上的那一刻，青青的眼泪很不争气地淌了下来。她突然觉得，自己以前所有的忍让、体谅都好傻好傻。

如果你以为忍让、体谅、息事宁人就能换来感激与善意，结果往往会让你非常受伤。

你退一步，有些人就会进两步；你让一句，有些人就能呛三句；不是所有人都值得温柔地去对待；说到底，你之所以被欺，你之所以委屈，最起码，有一半的原因在你自己身上。你那么好说话，本身，不就是在纵容别人的变本加厉？

无论什么时候，你的言语里，都要适当地带些锋芒，无须伤人，但求自保。别那么好说话，真的，与其低进尘埃里寻求一次永远不可能的绽放，倒不如以高调和锋芒搏一场芳香。

有锋芒、有态度、有温度、有底线，这才是会说话的聪明女人真正要活成的风姿与模样。

"话峰"滚滚来，顺水自推舟

日常生活与工作中，我们都不吝以最大的善意去揣度别人，但总有那么一些时候，总有那么一些"杠精""神烦""圣斗士"不管你愿与不愿，便突然闯入你的世界，这时候，怎么办？翻脸？认输？争辩？较真？最高明的应对，其实，还是顺水推舟，顺着他／她的梗、他／她的陷阱巧妙地往下接。

有些女人，总如江南春雨里最婉约的水墨，诗意而令人着迷，譬如，董卿。

董卿是家喻户晓的著名主持人，本身就自带热度光环，关于她的一切都能引发关注，所以，有些时候，有些不良媒体，便难免会给她设梗，套路一下，想要爆个大料。

2016 年，董卿带着个一岁大的男孩逛超市，被抓拍到，一时间，各种谣言甚嚣尘上，她赴美秘婚生子的传闻再度被提起。对此，董卿表现得风轻云淡，并未理会。但之后不久的一次采访中，为了探明"真相"，一个娱乐记者竟然给董卿下起了套。

他以一种很是顺理成章的口气问董卿："以前没照顾过小孩嘛，现在照顾小孩，有什么不好上手的事啊？"那模样，好像笃定董卿已经有孩子了。

但董卿根本就没有被诈唬住，而是一脸"懵懂"地反问："你是不是快有小孩了？"

记者一时有些尴尬："我……我有了，我已经有了……"董卿便顺势调侃："那还问那么多，你该分享下你的经验，你孩子多大了？"记者回："三个月不到。"董卿点头："新晋奶爸，所以对这个事情特别有感触，可以理解，而且现在多少都有帮手吧，爸爸妈妈媳妇什么的，你才能够这么淡定地站在这儿工作。"

一番话，顺水推舟，笑中带讽，刚柔相济，反击凌厉，董女王话术段位之高，可见一斑。

善意也好，恶意也好，玩笑也好，套路也好，既然"话锋"已然滚滚而至，留给我们的选择不外两个：一，逆势而上，顶着"话锋"冲上去。说实话，这真是很勇敢的一种选择，但结果很有可能是"粉身碎骨"；二，顺势而下，顺着"话锋"的方向继续前行。嗯，这貌似不太勇敢，但却最睿智、最有效、最能自我保全。

二者择一，很难选吗？其实，所有会说话的聪明女人都知道该如何选择。毕竟，虽然说言场如战场，处处伏硝烟，但真惨烈到非得你死我活，更何况，有的时候，有些人，真的只是无心之失，并非有意要套路谁。

当然了，说一千，道一万，真要是身临其境被"套路"了，有心无意的，谁也不会管那么多；不是所有的女人在最无助的时候都能等来踏着五色祥云的王子，所以，不管怎么说，女人啊，还是得学些巧妙解套、机智接茬的招数来防身。

一、就题解题，顺势发挥

略带几分恶作剧性质，并没有多大恶意的"玩笑梗"大概是滚滚"话锋"中杀伤力最小的一种了。

面对这样的"梗"，做太激烈的反应，针锋相对，完全没有必要，这个时候，倒不如就题解题，顺势发挥一把，将玩笑巧妙地转化为夸奖和鼓励，既全了自己的面子，也给了别人面子，说不定，还能收获三分好感，七分感激，不打不相识，拓展下自己的人脉，显示下自己的风度，何乐而不为。

某知名大学汉语言文学系大一（2）班，开学第一次班会，新生们正在有条不紊地做自我介绍。

"大家好，我姓牛，来自内蒙，我叫牛肯，是……"一个皮肤稍黑、五官清秀、衣着朴素的男生从座位上站起来，刚说了两句，坐在他旁边的韩东就忍不住扑哧一声笑了，脱口就问了一句："牛啃？啃什么？青草？玉米？秸秆？"

闻言，班上不少人忍俊不禁，都笑出了声。

牛肯微微愣了一下，不过，很快，他就恢复了镇定，他说："虽然我来自天苍苍、野茫茫、风吹草地现牛羊的内蒙古草原，但我不啃草，只啃知识，不仅要啃，还得狠狠地啃，啃得越多越好，等毕业了，我就回家乡去努力'耕耘'，我的理想就是在将来的某一天成为文学界的'大牛'！"

话落，教室里掌声雷动，带头鼓掌的，正是韩东。

事后，韩东为自己不礼貌的玩笑和牛肯道了歉，两人渐渐成了很好的朋友。

二、将错就错，反唇相讥

善意的玩笑，无意的"口误"，可以原谅，可以理解，顺水推舟圆场后，化干戈为玉帛也不失为好主意；但若有人故意给你设套、和你抬杠，恶意地攻击你、诋毁你，话语锋利，滚滚皆伤人，那么，亲爱的，你也别犹豫，将错就错，反唇相讥便是。

三校联谊舞会，安琪邀请一个面貌俊朗、身材高大的外校男生共舞。

男生以很是挑剔的目光上上下下打量了娇小玲珑的安琪一番，撇撇嘴，高傲地说："我不和小女孩跳舞。"

安琪愣怔了一下，旋即收回了自己递出去的手，满含歉意地对男生说："对不起，是我唐突了，我不知道你喜欢和小男孩跳舞，实在是太抱歉了。"

闻言，男生瞬间涨红了脸，尴尬异常。

隐藏着陷阱、暗招的"话锋"，社交场上，比比皆是。

遇到"话锋"扑面，委曲求全等同于软弱可欺，一味强硬又可能引发更激烈的冲突，让事情变得更糟糕，这个时候，见招拆招，不着痕迹顺水推舟，巧妙接茬才是最高明的做法。需要注意的是，你要做的最重要的事是"推"，别和对方反复较真，别去抠字眼，别在一个问题上来来回回地纠缠，这么做了，你就输了。输了言值，也输了气度，得不偿失。

你会打圆场吗？

社交场合，锦上添花的人固然令人喜爱，雪中送炭、打圆场的人却最能收获感激与善意。金无足赤，人无完人，人际沟通中，无论是谁，出状况总是难免的：或是在公众场合说错了话，出了纰漏；或是被人以言相逼，手足无措；或是遭遇突发事件，不知该如何应对；或是被人嘲笑、挤兑，尴尬憋闷；或是与人针锋相对、激烈冲突……

彼时，气氛定然会如死水般凝滞，若没人出来"补台"，把死水盘活，或许还会出现一些更糟糕的情况。毕竟，人都是要面子的，被逼入"绝境"，出于"自卫"的本能，歇斯底里"爆发"的概率是极大的。所以，能在别人尴尬无助、悬在"半空"下不来的时候打个圆场、递个台阶，让其体面下台，无疑善解人意到了极致。这样的女人，想不受欢迎都很难。

2009 年央视元宵晚会，小沈阳很意外地没有飙演技，而是飙了下歌喉，一首荡气回肠的《大海》震撼了很多人。虽然偶有几处跑音，但毕竟是拔着嗓子、原声原唱，也算是极敬业了。只是，唱完下台的时候，不知道被什么绊了一下，小沈阳没站稳，一屁股坐在了台上。这场面，可谓是极尴尬，饶是见惯了场面的小沈阳一时间也有些发懵。好在，董卿及时上台圆了场，董卿说："请导演不要怪工作人员，不是地板的问题，小沈阳是在逗咱们呢，他到哪都摔。"

在别人遭遇尴尬，出现纠纷、僵持、意外等，下不来台的时候，巧妙地补位，以化拙为巧、化险为夷，无疑是一件极考验语言功底的事情。圆场打得好，自然能解决问题、打破僵局、皆大欢喜，若是打不好，那便不啻于火上浇油、雪上加霜，落个里外不是人。因此，打圆场的时候，还得动些心眼，讲究个方式方法，譬如顺水推舟，譬如移花接木。

顺水推舟，是因人即事，根据当时的情况，巧妙地进行解释，化消极被动为积极主动。

顺水推舟的主要方法有二，一是给当事人找个美妙且合情合理的借口，二则是主动揽责上身，以自身的插入，巧妙地推当事人一把。

徐莹是振华三中的语文老师，入职三年，兢兢业业，为人也机敏和善。

一次，校长带着初三语文组的几位老师到她班上突击听课，当时，徐莹正在讲语言的运用。

徐莹讲得很生动，同学们听得也很入神，课堂气氛也很活跃，徐莹先后叫了三个同学回答问题，效果都不错，于是，她就卖了个巧，叫校长的女儿乔菲起来回答问题。

问题也很简单，就是用几个形象的词描绘一下自己的父亲。

可是，大概是因为有些紧张，或者是当校长的父亲在场，让孩子有些害怕，乔菲站起来后有些呆呆的，一句话也没说。

校长一下子就尴尬了。

徐莹见势不妙，赶紧打圆场："乔菲同学请坐。同学们，乔菲同学的回答，是我今天听到的最美的答案，她的意思是，她的父亲已经完美到难以言喻了。"

闻言，校长脸上立即多云转晴。

任何事情，其实都有其两面性，有利有弊，有好有坏；打圆场的精髓不外就是寻找一个借口、一种解释，从辩证的角度，将弊化为利、坏化为好、消极化为积极、糟糕化为美好罢了。

只是，这种圆场方式，对语言功底、控场能力、察言观色的能力要求很高，想要做得自然圆融，并不那么简单，所以，很多时候，揽责，适度地"搅乱"死水，进而"推舟"便成了常用的方法。举个例子：

合同刚刚签署，月萍陪主管一起参加甲方举行的宴会。

气氛正热烈的时候，甲方的陈总开了一瓶茅台，招呼主管喝一杯，主管欣然应允。不料，刚把杯子举起来，甲方团队里的一个女士突然开口："白主管，你这可不地道啊，上次吃饭，你不是说你不能喝酒吗？怎么，是瞧不起咱们这些底下的小员工？"

这话，就像一盆冷水，瞬间就浇灭了现场火热的气氛。白主管一时间开口解释也不是，不解释也不是，陈总的脸色也变了，很是不悦地瞪了瞪那位女员工，场面就这样僵住了。

一直闷头吃东西的月萍见状，连忙站起来："对不起，对不起，各位，都是我的错，我们主管是真喝不了酒，上次勉强喝了一杯，当晚就发烧了。但是，今天，一来嘛，合作达成了，大家都很高兴，主管不想扫兴。二来，主管这次就带了我一个人过来，我有酒精过敏的毛病，喝不了，主管没办法，只能自己硬着头皮顶上，不然岂不是扫了大家的兴致。"

月萍的话，看似是在往自己身上揽责任，但这番话，不仅给足了甲方面子，还拿自己做筏子，推了主管一把，帮他摆脱尴尬，同时，还突出了主管好领导的形象，可谓绝妙。

顺水推舟，精髓在"顺"，重点在"推"，但有的时候，即便是我们舌灿莲花，"舟"也很难推动，这时候，再继续"推"下去，未免吃力不讨好，倒不如干脆放弃，来个移花接木，错开令人尴尬的话题，顺便也转移下其他人的注意力。

中午没事，人事科的同事一起闲聊，不知怎么的，就聊到了上个月刚结婚的小黄。

这也没什么，结婚嘛，本就是个很有聊性的话题，只是，聊着聊着，话就有些跑偏，雪莉一个没防备，"火"就烧到了她身上。

科里一位四十多岁、最喜欢八卦的老大姐顺嘴就问了一句："雪莉啊，小黄比你小 7 岁呢，人家都发喜糖了，你的呢？大姐啥时候才能吃上你的喜糖？"

雪莉一下子就脸红了，尴尬得不行，她研究生毕业后又去国外进修了几年，拿到了双博士学位，至今 35 岁，还没正经谈过一次恋爱呢。就算是恋爱了，那也是她的私事，她不想和别人分享，就没说话，她也不知道该说什么。

气氛一下子就冷了。

好在，同事王姐出面圆了场。她笑了笑，说："我啊，和郑大姐不一样，我不想吃喜糖，我就想知道，雪莉，你这件裙子是什么地方买的，样子真好看，我想给我女儿也买一件。"

于是，大家调转话头，开始谈起了衣服、化妆，甚至扯到了育儿经，之前的话题再也没人提起。

余生很长，交际太繁，没有谁能保证在以后的日子里永远都不会面对进退两难的窘境。

当他人遭遇尴尬下不来台的时候，一个善于打圆场的人瞬间就会变得闪闪发光。

所以，每一个会说话的女人都练有一手圆场的绝技，因为知道，只要会圆场，人缘儿定然差不了。

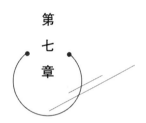

第
七
章

不卑不亢的优雅，你当温柔且有力量

做个内心坚定、言语柔和的女强人

每个人都是别人人生里的一张试卷，一次次相遇、一场场交际，就等于一道道试题，而言语则是答卷的笔。笔锋太过锐利，难免会将试卷划破；笔锋太过轻柔，留不下应有的笔迹；然而，无论锐柔，笔终究还是笔，影响的只是卷面，而非题目的对错。该给一个怎样的答案，除了执笔的那个人，谁说了也不算。

再锐利的笔迹，写出的正确答案也不会被判为错误；再轻柔的笔迹，写出的错误答案也不可能变成正确；但亲爱的，我们为什么一定要选择缺憾？为什么不能两全其美？为什么不能用轻柔的笔触写出正确的答案？

董卿从小就特别喜欢文体，爱唱歌、爱跳舞、爱表演，但是，父母对她的这些爱好却并不支持。

毕业于复旦大学，高学历，但性格多少都有些古板严厉的父亲，身上更带着那个时代"知识分子"特有的"傲气"，他觉得"唱歌跳舞挺没出息"，所以，坚决反对。

17岁那年，董卿自作主张，在父母都不知情的情况下，报考了浙江艺术学院，专业选的是表演。

通知书寄到的时候，父亲大发雷霆，母亲板着脸庞，气氛死寂凝固得可怕，父亲"勒令"董卿重新填志愿，不然就复读重考，董卿却不愿妥协，她想要去学艺术、学表演。父女二人产生了严重分歧，但董卿却没有和父亲针锋相对地硬顶，而是耐心地劝解、解释，用很柔和的话语和父亲"商量"，最后，父亲终于妥协，还陪她一起去参加了浙艺的面试。

一个人，一辈子，一座城，一首诗，女人呢，要活成什么模样，都是自己决定的。

无论什么时候，身处什么环境，请拥抱自己的向往，只要有了决定，就坚持下去，不要因外界种种的不和谐、困阻而怯懦。毕竟，生活不只吃穿住用行，柴米油盐醋，总有些事情，我们不能妥协，总有些时候，我们得牢牢守护自己的人生"支配权"。

然而，不妥协、不退让并不意味着一定要激烈地反抗、要锐利地对立。事实上，解决问题的方法没有一万种，也有九千九百九十九种，我们，又何必要选择最糟糕、最容易让人触底反弹的那一种呢？

杨季和钟诚恋爱三年，2016年夏天，一起走进婚姻殿堂。

婚后前两年，两人生活还算甜蜜，但第三年，见杨季久不怀孕，钟诚的妈妈急了，催促小两口赶紧要个孩子，钟诚也希望杨季能辞职回家，做个全职太太，给他生个健康的宝宝，早日把两人世界变成三口甚至四口之家。

在钟诚看来，自己是外企高管，经济条件优裕，完全能养得起老婆孩子。但杨季却不这么想。

杨季从小就是个很独立的女孩，对生活，对婚姻都有自己的看法。她觉得，每个女人都该有一份自己的事业。而且，作为公司设计总监的她，正负责公司一个大 case，这个 case 正处在关键时刻，她不可能就这么撂挑子走人。而且，处于事业上升期的她，暂时也不想要孩子。毕竟，她才 25 岁。

为了这事儿，夫妻、婆媳之间多多少少都有些不愉快。婆婆三天两头打电话和她闹，她就非常有耐心地听着，柔和地做着回应，把自己的打算细细地讲给她听，即使得不到理解也不急躁，永远都那么柔声静气的。渐渐地，婆婆打电话的次数少了，催促得也少了，反而是钟诚，不知道什么原因，在要孩子这件事上表现得越来越焦急、越来越强势，经常醉醺醺地回家，回家就发脾气，或者干脆三天两头不回家，直到有一天，杨季在他的包里找到一份另一个女人的产检报告。

"这都怪你，怪你，杨季，都怪你！我那么爱你，你却不愿意为我生个孩子，工作对你来说就那么重要吗？我在你心里究竟算个什么？是，我是出轨了，我有了别的女人，这都是你逼我的，我只想要个孩子！"被发现后，钟诚表现得有些歇斯底里。

看着这个自己曾全心全意爱过的男人，杨季没有撒泼，没有吵闹，她语气很柔和地告诉钟诚："既然你已经找到了自己想要的，我愿意祝福你，即使，我还有那么一点点爱你。"说完，她轻轻把已经签好字的离婚协议书放在茶几上，转身离去。

林徽因说："温柔要有，但不是妥协，我们要在安静中，不慌不忙地坚强。"

有些事情，我们可以妥协；有些事情，我们必须坚守。严寒未尽，微暖为止，哪怕现实对我们并不友好，我们也言语柔和、温柔坚守。

言语的柔和为圆，内心的坚定是方，方以圆显，圆为方辅，外圆内方，方圆相济，才得完满。

每个人，都是别人人生里的一张试卷；扯不断、理还乱、千头万绪的纷繁人际，就是一道道花样迭新、永远都答不完的试题；聪明的女人，都该懂得，用轻柔的笔触坚定不移地写下内心认为最正确的答案，才是最明智的选择。

既是"豆腐心"，何必"刀子嘴"？

　　最怕你一生碌碌无为，还安慰自己平凡可贵；最怕你掏心掏肺为别人，却输在了一张嘴。

　　好好说话，真的是一件挺不容易的事情；说好话，更难上加难。

　　要说这世界上有什么最累心，不外"一张刀子嘴，一颗豆腐心"。

　　央视十佳主持人董卿告诫我们："聪明的女人，从不说这十句话，其中第一句，就是'我这是为你好'。"

　　且不说"为你好"是否由衷，单单"为你好"之后接踵而至的批评、指责、唠叨，便能让许多人望而却步，偏，"刀子嘴"的人却对此情有独钟。

　　董卿的父亲，那是标准的"虎爸"，前15年里，他安排了董卿的人生。

　　他对董卿，总有这样那样的"不满"，各种"为你好"之后，紧随的是各种各样的严苛要求。

　　刚从上海回到淮北，董卿便被要求每天晨跑一千米，跑步地点是淮北中学。

天知道，整个操场上，所有学生都在做早操，只有董卿一个人"傻傻地"跑，那种感觉，得有多尴尬。

她也反对过，提出过异议，换来的只是父亲一顿更加严厉的说教。

那个时候，董卿不是没怨过。

直到后来，她才懂了父亲"刀子嘴"背后那份浓浓的关怀，那份"豆腐心"。但对父亲的"刀子嘴"，她却都不赞同。

从业二十余年，她时时刻刻都在约束自己，告诉自己，可以直爽，不能莽撞，可以直接，但不能伤人，她也的确做到了，在央视，她永远都是那个嘴最甜、最会说话的姑娘。

影响生活的许多事情，人生路上的许多障碍，认真想想，多半都源于沟通不善。

玩不转，混不开，莫名其妙得罪人，不是因为你不够善良，而是因为你说话太快，快到不经大脑，说话太直，直到势比刀枪。

所有在别人面前口无遮拦的人，都愿意自动自觉地贴上"心直口快"的标签，似乎，一句"为你好"就能将一切阴云拨散，换一天理所当然的阳光灿烂。

诚然，许多"刀子嘴"的人真的是没什么坏心思，甚至多半还更耿直、更率性，但是，亲爱的，相信我，没有谁有那么多的精力去一一深入了解接触的所有人，你的嘴，才是你向外递出的第一张形象鲜明的名片，如果你一开口就像"下刀片"，无论是"豆腐心"还是"刀子心"，对被"刀"刺伤的人来说，其实都一样。

王慧大学毕业后，和朋友一起开了一家蛋糕店，因为经营不善，不到一年，蛋糕店就关门歇业了，陆陆续续投进去的钱都打了水漂，还欠了银行 10 万的贷款。

创业失败，身无分文，没办法，王慧只能回家投奔爸妈。

王爸爸性格沉默，没说什么。王妈妈却总是念叨，有事没事就要训王慧一顿。

这不，一大早，王妈妈叫王慧起床吃早餐，王慧昨晚熬夜帮朋友做了一份报表，太困，赖在床上没起，妈妈就爆发了："你这个臭丫头，当初我和你爸给你找好了工作你不去干，非要自己创业，这回好了吧，欠了十万的债，靠你自己你什么时候能还清，我现在看见你我就犯愁，你还不学好，懒惰……"

王慧气得不行，穿着睡衣就跑出了家门，却忘了，今天其实是她的生日，妈妈一早就起来为她张罗着煮了一碗长寿面。而且，为了帮她还贷款，妈妈偷偷卖掉了自己所有值钱的首饰……

"豆腐"做的心，最柔、最软、最善；"刀子"做的嘴，最锐、最直、最凶。

明明付出了许多，明明掏心掏肺、一片关切，却因为一张嘴、几句话，落了埋怨，生了仇恨，委屈不委屈？

所以，亲爱的，开口之前多思量、走走心，既然无恶意，为什么偏要担恶名？嘴笨没关系，别刻薄；嘴快没关系，别口无遮拦；嘴碎没关系，别横冲直撞；嘴大没关系，别逮谁说谁；实在不会好好说，干脆少说，甚至不说。毕竟，不是谁都有义务为你的"豆腐心"而容忍你的"刀子嘴"，也不是所有人都有耐心透过一张"刀子嘴"去看你的"豆腐心"。

赵丹是一家外企的 HR，学历高，资历老，眼光毒辣，嘴上也不饶人。

一次校招，有个身材高挑、打扮时髦的年轻女孩来面试。

女孩谈吐、学识、气质、外貌都很符合招聘要求，专业素质也很过硬，赵丹对她很满意，嘴上却说："你的能力虽然不强，倒是也过得去，不过，女孩子就该有个女孩子的样儿，打扮得花里胡哨的，像个妖精，算怎么回事？"

女孩当时就被气哭了，抱着简历，跑着离开。

不过，三天后，女孩还是去赵丹所在的公司上班了，职位是总经理助理。

原来，赵丹公司的总经理正是女孩的母亲。两个月后，赵丹被公司劝退。

"刀子嘴"，从本质上来说，是否定、是批评、是质疑。纵便无恶意，也很伤人。

试想，你每天嘴上都挂着"刀子"，一说话就"见血"，谁会喜欢你？谁能不对你敬而远之？

如果你有一颗"豆腐心"，请给它配一张"豆腐嘴"：哪怕"爱之深"也不要轻易对别人"责之切"；开口之前，先停顿三秒，思量思量；说话的时候，尽量对事不对人，对事，可以严肃、可以刻板，但不要刻毒；说话尽量柔和一些、迂回一些、委婉一些，别太直来直去；平日里，多交几个言语柔和、处事圆润的朋友，多充实自己，学些柔和的词汇；和人沟通，少几分比较，多一些理解；试着做一些"温暖表达"的练习，控制一下自己体内暴涨的"刀子"之力，努力在岁月中，送自己也送他人一份弥漫言语的温柔。

聪明的女人，毫不避讳自己的"话"风

女人如花，一花一世界，即便不盛艳，即便不斑斓，也该活出几分独一无二的模样，无须画地为牢，无须"话"风自限。

董卿事业处于上升期的那几年，综艺娱乐节目大火大热，一个又一个主持人都转变风格，学着去搞怪、去搞笑、去活泼、去调侃，相形之下，董卿就未免有些"端庄太过"。

很多同事、部分领导都劝她随波逐流，改变自身的话风、台风，去迎合观众，董卿却拒绝了。她说："观众们正是因为你的与众不同而记住了你。要保持你的个人魅力。"她还说："只要把你身上最具特点的东西展示出来，就是你的个人风格。我的个性可能就是在于把知性和感性很好地融合在一起。"

每个女人，都有自己的特质，或温柔，或妩媚，或豪放，或优雅，或端庄，或清丽；每个女人，都有自己的个性，或率真，或体贴，或稳重，或朴实，或任性，或傲娇；每个女人，都有自己的话风，或甜美，或调皮，或直爽，或圆滑，或委婉，或世故；特质天生，话风自养，聪明的女人，从不粉饰自己的特质，从不遮掩自己的个性，亦从不避讳自己的话风。

归去来兮，临水照花，从民国水墨中走出的张爱玲，清冷疏离中总带着几丝浅浅的暖。

她个性鲜明，敢爱敢恨，喜欢穿奇装异服，喜欢大红大绿，她有她的《小团圆》，有她的《沉香屑》，有她的《倾城之恋》；她本可以在四季如春的花园里过着优渥富贵、无忧无虑的生活，却毅然决然地选择了出离。她追随了自己的心，活出了一个独一无二的张爱玲，即便，活得那样艰辛。

恋上了胡兰成，背负着"文化汉奸"的骂名，独自栖居在孤岛，她却愿意说一声："因为相知，所以懂得；因为懂得，所以慈悲。"

被辜负、被伤害、被自己的痴情伤得彻骨，她清清冷冷地开口："娶了红玫瑰，久而久之，红玫瑰就成了墙上的一抹蚊子血，白玫瑰还是床前明月光；娶了白玫瑰，久而久之，白玫瑰就是衣服上的一粒饭渣子，红的还是心口上的一颗朱砂痣。"凄然却又彻悟。

面对镶嵌了岁月的照片，她不缅怀，不追忆，不伤春悲秋，反而说："照片这东西，不过是生命的碎壳；纷纷的岁月已过去，瓜子仁一粒粒咽了下去，滋味各人自知，留给大家看的惟有那狼藉的黑白瓜子壳。"

她似乎永远都活在那个只有她自己才懂的世界里，惊艳着，枯萎着，她会率性地宣扬，"你年轻吗？不要紧，过两年就老了"，她会肆无忌惮地表示，

"无用的女人是最厉害的女人"，她会淡然到淡漠地指出，"你永远不懂我伤悲，就像白天不懂夜的黑"。

她不在意别人怎么看，怎么想，始终都按照自我的方式在绽放，她常有奇谈怪论，她不惧合污同流，她的文字里、话语里总带着那么一丝只属于她的清冷、出尘与淡漠，于是，她活成了所有人眼中独一无二、不可替代的张爱玲。

春兰秋菊，各专胜场，每个女人都有属于自己的光芒万丈，所以，与其碌碌忙忙、东施效颦，还不如认清真正的自己，找准自己的定位，塑造自己的话风，坚守一片只属于你的言场江湖。

就像三毛说的："生命短促，没有时间可以浪费，一切随心自由才是应努力去追求的，别人如何议论看待我，便是那么无足轻重了。"

诚然，人活在世上，总有太多太多的不得已，谁也不可能肆无忌惮地去生长，完全隔绝在世俗的眼光之外，更多的时候，我们都是在适应、在顺从、在被动地改变，但这并不代表着，我们不能活成自己最喜欢的模样。

一个女人，可以从谏如流，可以虚心接受别人的批评与建议，却不能随波逐流、人云亦云、凡事都听从他人的意见，甚至因他人的意见而彻底放弃自我。

关梨是个腼腆内向、不怎么爱说话的女孩，为这，进入社会后，吃了不少暗亏。她决心改变自己，努力修炼话术，做个能说会道、惹人喜爱的女孩。

大学室友告诉她，幽默的女人最招人喜欢，她就去学了许多幽默的段子，学着用很俏皮的语气和人开玩笑，只是她的笑点和别人不太同步，她觉得好笑的，在别人眼中更像是黑色幽默；而且，她说话容易脸红，还容易胆怯，玩笑的话从她嘴里说出来，不像是在开玩笑，反而像是背课文，闹得大家哭笑不得。

之后，她又听了另一位朋友的意见，准备向言简意赅的干练风转变，只是，学着学着，再度走偏。话是说得简洁了，很多时候，要表达的意思却表达不清楚，还引起过数次误会，甚至有同事觉得她不好相处、高冷，渐渐疏远了她。

就这样，短短不到一年的时间里，关梨做了不下二十次话风转型，却没有一次成功，最后，弄得她自己一片混乱，都不知道究竟该怎么说话了。

一花一世界，一人一话风，与其盲目地模仿别人，与其胡乱地追求"受欢迎模式"，倒不如，做回真正的自己。

"走自己的路，让别人说去吧！"这话虽然说得有些偏颇，但从某种程度上来说，确实有道理。

说话是上天赋予人类的最独一无二的天赋，为的是展现独一无二的自我，这一点，你一定得清楚。

固然，说话有很多时候是为了沟通，为了沟通顺利，总要照顾一下沟通对象的喜好、兴趣、话风，但这可不意味着我们得曲意迎合到没有自我；相反，社交场上，真正光彩熠熠的永远都是那些自信昂扬，有着自己独特话风的女人。

　　陆游有诗云："人生如春蚕，作茧自缠裹，一朝眉羽成，钻破亦自我。"别再画地为牢，别再盲目自限，别再随波逐流，聪明的女人，都该有自己的话风，都该活成独一无二的模样。

不卑不亢，当反击时便反击

人和人物质层次不同，造就了生活方式的不同；人与人精神层次的不同，造成了思维层次的不同；生活与思维层次的不同，直接或间接地造成了人与人之间的沟通障碍。

沟通不畅的情况是常有的，产生矛盾、冲突、分歧总是难免的，被挑衅、被侮辱、被攻击也没什么可奇怪的，毕竟，谁也不可能活在真空的瓶子里，永远都被世界温柔对待。

被挑衅了，被侮辱了，被攻击了，没什么，反击回去就是！

2012年《我要上春晚特别节目——直通春晚》直播现场，董卿与"老朋友"韩红便"掐了一架"。

"掐架"的导火索是什么呢？大概就是董卿很是亲切地对韩红说："你是前辈了！你有什么体会可以给大家分享？"

韩红却有些不软不硬地回了一句："我不是前辈，我是中坚力量"。好吧，这话大概也没错，她的确曾是青歌赛的主力，但是，彼时彼刻，作为被邀请的嘉宾评委、站在"客"的立场上，这么回应，多少都有些不礼貌。

但是，作为专业的主持人，董卿没做什么反应，节目继续进行。中间，因为粤语绕口令的事情，两人再次发生了小小的"对峙"，不过，说起来，也无伤大雅，直到选手平安上场。

平安的参赛歌曲是韩红的成名曲目《青藏高原》，平安唱得也的确非常出彩，尤其是高音吊得那叫一个荡气回肠，董卿便赞了一句，说："他的声音真的是很高啊！"没想到，韩红却毫不客气地反驳说："这高音是假声，就是骗你这样不懂的人。"

什么意思？这是在质疑董卿，还是在质疑平安？或在质疑全场所有觉得平安唱得很好的观众？

韩红不是新人，出席过的综艺节目不知凡几，如此不客气的怼人呛人，甚至"心直口快"地指责别人就是个外行，不管是出于什么心态，终归是极不妥当的，对当事人来说，也是极大的不尊重。

再一再二不再三，谁还没点脾气，谁也不是谁理所当然的出气筒、调侃机，所以，这一次，董卿反击了，她反问："难道用假声就是骗大家了吗？这也是一种技巧，我们大多数人都觉得挺好的。"

闻言，韩红不屑地讥讽："内行看门道，外行看热闹，平安唱的最后一句就是热闹，千万别把热闹当门道了。"被明晃晃地指责为"外行"，董卿说不生气也是假的，于是，她反击说："平安演唱得既有门道又有热闹，两者兼而有之，不是很好？"语言得体，不过火，不激动，暗藏锋芒，可谓恰到好处。

有分歧，有异议，在人际交往中真的是挺普遍的事情，聊天高手都懂得求同存异。只是，有的时候，你一心要"求同"，别人却非得"求异"，把你的宽容退让当作软弱可欺，这个时候，没什么可说的，反击就是。

当然，反击也得有个尺度，有个分寸。

刘标与张倩是同一个部门的同事，相恋七年后，终于修成正果。结婚迎亲那天，却发生了一件意想不到的事情。

那天，新郎到新娘家迎亲的时候，被庞大的亲友团挡在了门外，出了各种难题"考验"新郎。

本来嘛，这就是个风俗，大家图个热闹，也没什么。坏就坏在，刘标曾经因为一些事得罪过张倩的妹妹张珊，张珊趁机"报复"他，提了个很刁钻的要求。让刘标唱歌，唱一百首表达爱意的情歌，还不能重样，而且，必须自己唱，唱得让大家不满意，就得鞠躬说一百个对不起，然后重唱。

这算是纯粹地找茬了。刘标当时就不干了，大声和张倩吵了起来，情绪激动之下还打了张倩，最后，两人一起进了派出所。

好好一场婚礼，就这样成了闹剧。

刘标有错吗？从对错的角度来说，应该是没错的，虽然冲动了一些，但毕竟他是受害者。

可是，被羞辱了，被挑衅了，就以一种相当激烈的方式，甚至是不惜两败俱伤、鱼死网破的姿态反击回去，真的合适吗？

世间很多事情，不是非黑即白、非对即错，也不是说，简单的分个黑白对错，事情就能很好、很妥善地解决，有时候，明明你是受害的一方，因为你的反击太激烈、太极端，反而会让人不适，觉得极不妥。

所以，即便是要反击，也得讲究个方法尺度，与其当场就不管不顾地"爆"了，倒不如冷静几分，不卑不亢地给予回应。

英国著名剧作家，诺贝尔文学奖获得者萧伯纳身材比较瘦削，肤色也不白皙。

有一次，他与一位大腹便便的商人在街上相遇。

商人讥讽萧伯纳："看见你，人们会以为英国发生了饥荒。"

萧伯纳当即反击："看见你，人们就会明白发生饥荒的原因。"

无独有偶。

某次颁奖典礼，有嘉宾恶意调侃影帝黄渤："马云说过一句名言，我以为是说给他自己的，现在我发现那句话同样适用于你，'男人的长相和他的才华往往是成反比的'，你怎么看这句话？"

黄渤微微一笑，回击说："我相信这话也一直激励着您。"

日常生活与工作中，亲爱的你也该多学学这样的反击方式。

过激为莽，过柔是怯，不卑不亢、有理有节，刚刚好。

柔而不伪，"不装"的语言更具穿透力

很多时候，我们都愿意为自己的语言上一层"妆"，因为比起"素面朝天"，这明显更具诚意；然而，凡事过犹不及。生活毕竟不是真的演戏，沟通也不是在串词。太过刻意的浓妆艳抹，张扬的不是风姿，故作高傲的姿态也显不出优雅，相反，柔而不伪的态度、"不装"的言语反而更具穿透力。

董卿就是个很不会装的女子，她的话，无论是端雅，还是朴素，都带着一丝不伪装、不矫饰的真实味道。

当嘉宾潘老说到自己兄弟姊妹数人都名校毕业时，董卿由衷地感慨："一家的学霸啊。"

演员王千源谈到自己因为坚持要拍完一部没什么热度的剧而拒绝了《潜伏》剧组，董卿就问："所以当时也会有人觉得你这个选择可能有点犯傻，是吗？"一语暖暖，"犯傻"这样的词汇也没修饰，直接就说了。

节目访谈，遇到歌手老狼，谈及幸福、谈及恋爱，她会说："是不是因为这个唱歌唱得特别好听，所以就特别容易讨女孩欢心？"

闲聊式的语气，生活化的语言，不矫情，不虚伪，或许没那么天花乱坠，却能让人如沐春风。

比起各种各样的"装"，"不装"最大的优点便是真实，是真情实感的流露，最能让人踏实。

擅言者，最擅窥心，凡事都顺着他人的心思说、随着他人的情绪走，自然八面玲珑、滴水不漏。但谁没有防备心呢？擅言者就是因为太擅言了，太懂得揣摩人心了，做得太尽善尽美了，所以，更加让人警惕，觉得太不真实，没有安全感，更谈不上信任。

2010 年 3 月，"周洋感谢门"事件曾闹得沸沸扬扬。

起因是，女子短道速滑运动员周洋冬奥会夺金，发表获奖感言的时候，只感谢了父母，没感谢国家。

时任体育总局副局长的于再清在参加全国政协体育组分组讨论时，便就此说了这样一番话，他说："小孩儿有些心里话没有表述出来。说孝敬父母、感谢父母都对，心里面也要有国家，要把国家放在前面，别光说父母就完了。"之后，还表示运动员的德育要加强。

这话，一石激起千层浪。

或许，于再清本人也没有太针对的意思，只是在发个牢骚，提点建议，但听起来，却未免有些太装、太矫情、太上纲上线。

百善孝为先，首先感谢父母无可厚非，忘了感谢国家，也不代表着品德就有问题。

人生于世，各有其情，各有其性，各有其风，因为不同，所以真实，因为不一样，所以才需要交流、需要沟通、需要以语言为媒介去了解；言传心声，说话嘛，本就是一种真情实意的表达，不能批发，不能定制，也不用谁教。有时候，我们觉得和有些人交流不下去，其实，并不是因为那人不会说话，而是因为他／她说话太假，让人感觉不到他／她真实的模样与情绪。

"不装"的本质只是真诚真心，和说话粗糙鲁莽、不经大脑又是两码事。心直口快刀子嘴，口无遮拦到处喷，可不是"不装"的真正含义。

真正具有情感穿透力的语言，真正的不装，有两个衡量标准，其实，前面我们已经提到过了：一是不伪，二是柔和。

端着架着，矫情着虚伪着，就是不肯表露自己真实的情绪、想法、感情，若即若离，会让人觉得你难以亲近，太高冷；为了一些鸡毛蒜皮的事大吵大闹、撒泼打滚，有点小冲突，小矛盾就歇斯底里、出口成脏，可不是什么"真性情"。

真正会说话的女人，在与人交流时，总会给自己的语言化个"淡妆"，这样，既不会掩盖自己的"真容真性"，又能让人感觉到体谅尊重；柔中带真，和里藏情，不伪不饰，可谓恰到好处。

坚持本心，坚守底线："对不起，我的善良很贵"

董卿说："善良是很珍贵的，但善良要是没有长出牙齿来，那就是软弱。"

人当善以待人，却不能愚善；所有没有棱角、毫无保留的善良，不过是对自己、对世界的不负责，因为，你纵容了恶的肆无忌惮。

2018年10月8日，首届中国相声小品大赛决赛，"公式相声"的开创者，李宏烨、郑钰夫妇再次亮相。

这次，他们带来的是以弘扬中国传统二十四节气文化为核心的《暑道难》。

实话实说，从文采上看，这的确是挺不错的作品，诗意而流畅的语言不仅出彩，而且颇有些新意。然而，从相声的角度来看，就未免太板结，从头到尾没什么笑点，与其说是在搞笑还不如说是在科普。

相声不逗乐，感染不了观众，那就失了相声的本质，得不到高分自然也就理所当然。

表演结束后，一个又一个低分被打出，李宏烨夫妇的面子很是有些挂不住，董卿就好心地想给他们圆圆场、递个台阶，所以，点评的时候，就很幽默地问了一句："这对选手我看着怎么这么面熟呢？"虽是问句，却没想得到什么答案，只不过是想做个引子，赞美下这夫妇二人的才华和开创公式相声的勇气、决心和魄力。没想到，却被李宏烨当场堵了一句："你怎么还没认出我们来呢？"

此情此景，和他当初抬手指着郭德纲，一脸挑衅地质问"您不认识我是吧"是何等的相似。

董卿是善良没错，却也不是没脾气，当即就以黄巢的一首《菊花》诗"回赠"李宏烨。

《菊花》是黄巢科举不第后作的一首诗。全诗四句："待到秋来九月八，我花开后百花杀，冲天香阵透长安，满城尽带黄金甲。"

黄巢是谁？是唐末农民起义的领袖，也是个粗通文墨、性格暴戾、好勇斗狠的莽夫。董卿以此诗赠李宏烨，弦外之音，可谓不言而喻。"我花开后百花杀"在当年或许还是个褒义词，但在以和为贵、崇尚共同进步、友爱互助的今天，可真不是什么赞美之辞。

善良是美德，谁不喜欢善良的人呢？

善良的人，待人温和亲切，心肠软，喜欢帮助人，不爱斤斤计较，总是爱心满满、和和气气。

与人为善，长久以来都被视为为人处事的金科玉律之一；然而，升米恩，斗米仇，君子坦荡荡，小人长戚戚，并不是所有的人都值得我们以善来对待，也不是所有的善良都能换回感恩，你若太过善良，你的善良也便变得廉价，没人珍惜，没人在意，甚至还会被视为理所当然，随意践踏。

雯雯是个善良的姑娘，热心肠，对身边人的请求，一向有求必应。

她在一家游戏公司做策划，和周梅一个小组。

每次，周梅有做不完、不会做的活儿，都会找雯雯帮忙，雯雯也没拒绝过，可她自己也有工作要做啊，哪有那么多时间帮别人，没办法，只好把工作带回家，点灯熬油地完成。

起初，周梅还会说两句谢谢，后来，连谢谢都不说了，塞给雯雯"帮忙"的工作却越来越多。

雯雯也不是没想过拒绝，可是想想，大家都是同事，又抹不开面子。

有其他同事为雯雯抱不平，雯雯也总是和善地说："没事，没事，周姐不是那样的人，她就是不善于表达感情，其实，她平时对我也挺好的。"

挺好吗？

年终总结会上，小组负责的项目得了表扬，周梅却把所有的功劳都揽在自己身上，一个字都没提雯雯的付出，这个好字，雯雯再也说不出，眼泪不知不觉便湿了整个面庞。

确实，人是该善良一点儿的，但善良并不意味着可以任别人予取予求，并不代表着没有原则、没有底线。

有时候，你得给自己的善良镀层寒锋、涂点锐利、对那一颗颗已经忘却何为感恩，从来都欲壑难填的心好好亮亮剑！

秦霜带着 5 岁大的儿子和 62 岁的母亲一起坐火车去青海旅游。

为了方便照顾老人和孩子，她买了三张连座的车票。

一路上，都很愉快。

车到西安站的时候，新上了不少旅客。座位间的走道被挤得满满的。

秦霜见旁边站着的一个小男孩被挤得难受，满头满脸都是汗，心肠软了，有些心疼，就腾出了半个座位给男孩坐。

谁想，男孩还没坐下，男孩的妈妈，一个脸型尖削、皮肤黝黑的中年妇女就一屁股坐在了那半个座位上，坐下后，还使劲往里面挤了挤，一边挤，还一边凶巴巴地呵斥秦霜："你眼瞎啊，没见我儿子还没坐下吗？把你那小崽子抱起来，往里面坐！"之后，还把枪口对准了秦霜母亲："老东西，说你呢，再往里坐坐！有没有点儿眼力见儿？"

妇女的蛮横、粗俗气得秦霜浑身发抖，愤怒地她掏出那三张连座的票，高声道："这是我的座位，我有票！现在，你给我滚！"

不是所有的善良都是理所当然的，善失去了底线，就是对恶的一种助长。

即便崇尚以和为贵，即便你从小接受的教育让你习惯了善良，对那些不善良的人，也要勇敢地说"不"，勇敢地露出你的烈性、你的锋芒、你的棱角、你的刺。

勇直言，言有度："唱歌很重要，做人更重要"

有没有过这样的经历：

约朋友一起出去吃饭，讨论要吃什么，朋友说随便。于是，你兴冲冲地建议："咱们去吃麻辣烫吧？"朋友皱眉："你没看新闻吗？专家说麻辣烫是垃圾食品，长期吃会致癌。"你悻悻，想了想，说："那咱们去吃黄焖鸡米饭？"朋友摇头："太油了，我吃不惯。"你又小心翼翼地试探："那去吃西餐？我知道一家不错的西餐厅。"朋友再度摇头："你疯了，就咱们那点儿工资，连假的神户牛排都吃不起。"你急了，问："那你到底想要吃什么？"朋友摊摊手："随便"。

迷之尴尬有没有？无限死循环有没有？

别以为这是个别现象，事实上，现实生活中，类似的情况屡见不鲜。

国人向来崇尚儒风，讲究低调、含蓄、圆滑、委婉，不张扬，不功利，不炫耀。这很好。但是，有的时候，在某些需要清晰表达出自己的意见、建议、看法的场合，直话直说无疑要更好一些。

　　章棋花费三年的时间，精心构思并创作了一本悬疑推理小说，名为《死亡之证》。

　　小说完稿后，他联系了一家业内比较出名的出版社谈出版的事情，出版社的责编表示对他的小说很看好，但是，因为一些原因，社里并没有相关的出版计划，所以，请章棋"再等等"，还保证"一有消息就通知您"。

　　但是，一周，两周，三周，转眼一个月过去了。这一个月，有两家新媒体，三家文化公司找过他，希望能够代理出版他的书，但是，因为第一个接触的就是这家出版社，所以，在出版社没有明确态度之前，章棋不想"一稿多投"，就都委婉地推拒了。

　　可是，一个月了，出版社一点消息都没有，章棋也急了，再次联系了出版社。出版社给出的答复却是："稿子一个月前就被毙掉了，没消息就等于拒绝。"

　　为此，章棋很是愤怒，却也无可奈何。怪谁呢？只能怪自己傻，听不出对方的婉拒之意。

　　婉言有婉言的好处，含蓄一些，委婉一些，也没错。但是，有些时候，委婉却可能与含糊不清、模棱两可混同，以致造成误解，引发隔阂，耽误工作。

　　所以，有的时候，直言也有直言的好处，直言也是一种体贴的表现。毕竟，凡事都直白地说清楚、讲明白，行就是行，不行就是不行，喜欢就是喜欢，不喜欢就是不喜欢，能避免很多不必要的猜疑、误解，减少很多时间和精力的空耗。

从这方面来看，直言还是很讨喜的。不过，必须得说明的是，我们这里说的直言，可没贴着"不讳"的标签。直言可以，直言不讳不行。你不讳，人家讳呀，一片好心不讨好，没必要。

言及此处，大概很多女性朋友会问，那我到底还直言不直言，怎么直言？

答案是需直言，但是要言有度：一、有态度，二、有温度，三、有风度。

2013年夏，董卿受邀主持内蒙古"维多利十年盛典之夜"群星演唱会。

演唱会上，歌星、明星云集，气氛十分热烈。

原"信乐团"主唱、台湾人气男歌手苏见信出场演唱的时候，一位深情的女歌迷跑上台献给他一束花。

苏见信脸色沉了一下，接过花，很是不悦地说了一句："唱歌时不要献花。"

说完，他随手就把鲜花扔到了台下，然后，若无其事地继续唱歌。

唱完第一首《死了都要爱》之后，一句道歉或者解释的话都没说，而是继续唱了第二首《海阔天空》，唱完之后，只是例行公事般向观众说了声"谢谢"，便走了。

对他这样的行为，董卿很是看不惯，这样耍大牌、不知所谓的所谓明星也委实让人厌恶。

于是，在苏见信下台后，串场的董卿很认真也很严肃地说了一句："唱歌很重要，做人更重要。"

软语呢喃，却格外掷地有声。

何为态度？这便是态度！喜怒爱憎鲜明，有底线，有原则，不和稀泥，当直言的时候便勇敢地直言，每个字说出来都极用力，也极有力。

但用力的同时，切忌用力过猛，必要的温度和风度还是要的。毕竟，直言的天然攻击属性就决定了它一不小心就会伤人。

凡凡做报表的时候，算错了某个关键数据，以致前前后后、所有与之相关的资料都得推倒重做，额外增加了同事们不少的工作量，直接拖慢了整个项目的进度，同事们都对凡凡很不满，主管蔺潮更是暴跳如雷，把凡凡狠狠骂了一顿。

"你怎么能这么马虎，啊，你是猪脑子吗？猪都比你聪明！这里，这个地方，平均值是这么算的吗？你数学是体育老师教的？你知道你这一出错耽误多少事儿吗？整个项目组的人都得替你擦屁股，你这个蠢货……行了，傻愣在那里干什么？赶紧滚回去工作！"

诚然，凡凡做错了，可直言不等同于恶言，如此直白，甚至有些粗鄙的批评，未免太没风度，而且，于事无补。

金·斯科特在《彻底坦白》一书中建议所有爱直言的女性，在直言的时候，要遵循"情境、行为、影响"的法则，对事不对人，不要进行人身攻击。批评、指正别人，或者给出一些中肯但不太友好的反馈之前，最好先说几句缓场的话，比如"我相信这些你一定考虑过了"/"你也是当局者迷"/"马有失蹄，人有失手"，等等。

总而言之，女人在说话的时候，一定要分清何为直言，何为无脑；做到耿直不莽撞，直白不伤人，心直不口快，说话有态度、有力度、有温度、有风度，如是，才能直中见真，真中有暖，惹人喜爱。

第
八
章

懂分寸，知进退，方是女人最美的话术

开玩笑也要注意分寸

玩笑是生活的调剂，适当地开几个善意的小玩笑，又能活跃气氛，达到"一本正经"很难达到的亲密效果。

早高峰，坐公交车去上班，实在是一种极糟糕的体验。

人摞人，人挤人，各种碰撞和"亲密接触"在所难免。

茹雪身材娇小，瘦弱，被人群挤在中间非常非常难受，她感觉自己快要窒息了，可是，车厢就这么大，被挤的又不是她一个，贸然地让别人给她挪个空间，肯定是不明智的。不过，这点小困难，可难不倒幽默值爆表的茹雪。

只见她深吸一口气，提高声音，喊道："大家，看这里，看这里，都学我，深吸一口气，缩小下自己的体积，我都快被挤成纸片了。"

闻言，很多人都忍俊不禁，原本烦躁得想发火的也压下了火气，茹雪身边的几个人也主动给她挪出了一些空间，虽然不大，但足够茹雪"自由呼吸"了。

其实，有的时候，人际交往就是这么简单。笑一笑，乐一乐，愉悦自己，也愉悦别人，应景的时候，一"笑"泯恩仇也不是不可能。但是，开玩笑时也要注意尺度和分寸，太出格了，反而会得罪人。

有些"雷区"，无论如何，都不能踩。

雷区一：他人的隐私隐秘

芳菲和盛平结婚仅 3 个月就得了个男宝，亲朋好友都来贺喜。

芳菲的同事桃子也来了，还带了礼物，只是，她的礼物有些与众不同，不是鲜花、玩具，也不是长命锁、婴儿服，而是一个十分精致的小书包。

有人很是好奇，就问桃子："你送书包干什么？这么小的小孩根本就用不着。"

桃子就笑："芳菲的宝宝和芳菲一样都是急性子，你看，本来该 7 个月后才出生的，他没忍住，早早地就从妈妈肚子里跑出来了。要我看，过不了几个月，他就能上幼儿园了，我这书包正好用上。"

闻言，有人哄堂大笑，有人暗暗皱眉，盛平一脸尴尬，芳菲则气红了脸。

世间谁能十全十美？有其长必有其短。不管怎么说，在现有的道德框架下，未婚先孕都是件不光彩的事情，属于秘密，哪怕它是公开的秘密呢，当众调侃也会引人不快，甚至招人记恨。

所有会说话的女人都懂得，在事涉隐私时，即便关系再亲密，也得适可而止，不能毫无顾忌地开玩笑，不然，亲情、爱情、友情的小船，说不定立马就得翻。

雷区二：他人的生理缺陷、缺点、弱点

胖，一直都是池蕊心头的一道疤，从小到大，因为胖，她被嘲笑过无数次。

不是没减过肥，甚至，有段时间，她着魔了一般地减肥，但是，因为各方面的原因，减肥效果并不理想。

但除了胖这一点，池蕊的人生堪称完美。

名校博士毕业，刚毕业就入职五百强企业，年仅 32 岁就已经成了公司的 CFO，年薪百万起步，可谓标准的人生赢家。

这不，三天前，在池蕊的带领下，公司完成了一个大的跨国并购案，老总很高兴，专门设宴为池蕊庆祝，公司里近一半的人都到了。

宴上，不知是谁起了个头，大家就聊起了婚姻问题，老总就说了一句："未婚的男同志们，都等什么呢，现成的白富美就放在你们面前，你们都不知道追求。"

闻言，大家都笑笑，一个平时和池蕊关系还不错的女同事却接话说："董事长，您这就错了，我们蕊蕊啊，那不是白富美，是白胖美，肉里藏着的都是才华！"

女同事这话一说，全场死寂，池蕊更是直接黑了脸。

毒舌从不是幽默，挑刺不同于调侃。

拿他人的缺点、缺陷、弱点开玩笑，不是无知，不是心直口快，而是不知分寸，没有教养。这样的人，无论到了哪里，都只会引人嫌恶。

雷区三：黑色玩笑

黑色玩笑，也称黑色幽默，在《大英百科全书》中，它被定义为"一种绝望的幽默"，一种"可怕的滑稽"。

最近火爆了天际的《啥是佩奇》就是影视领域黑色幽默的成功典型。

黑色幽默运用得巧妙，常能收到意想不到的惊喜效果，但是，说实话，黑色幽默，黑色玩笑，归根到底，本质还是"黑色"的，这种"黑色"，一般人不懂，也很难接受，所以，黑色玩笑，能不开，千万别开。

美娟是朝阳超市的一名导购，很是能说会道。

一天，一个染着黄头发、一看就是不良青年的男子到超市买了包红塔山的香烟和两卷卫生纸。结账之后，顺手就把烟盒拆了，抽出一根。美娟见状，忙跑上去提醒他："超市里不能抽烟。"青年很不爽："我在这儿买的，为什么不能在这儿抽？"美娟看了看他，反问："你还在这儿买卫生纸了，你在这儿用不用？"青年哑然。

经理知道这件事后，很是表扬了美娟一番，从此，美娟就对类似的黑色幽默情有独钟起来。

中秋前夕，经理在外地上大学的女儿放假回家，给经理买了一套黑色西装，经理开心极了，第二天就穿着来上班了。

美娟看见了，就开了个小玩笑："经理，这衣服特别衬您的气质，哈哈，就像一只黑皮耗子，看着……"

本来嘛，美娟是想用耗子来比喻经理的精明，黑皮的后面其实还有半句，是说经理的心是红的，只不过，她的话还没说完，经理就沉着脸走了。

她想要解释，却始终找不到机会。从那之后，经理再没给过她好脸。

除了这三大"雷区"，开玩笑的时候要注意的事情还有不少，比如，少说冷笑话，比如不要触及别人的伤心事，不要说一些有歧义、极易引起误会的玩笑话，比如，别开黄色玩笑……

所有懂得有分寸地开玩笑的女人都是现实的魔术师，轻轻打个响指，就能变出一片欢乐的焰火、一地温馨的樱红，让谈话瞬间提升几个"蜜度"。试问，这样的女人，怎会有人不喜欢、不欣赏、不悦纳、不亲近？

亲爱的，请不要喋喋不休

子曰："君子敏于事而慎于言。"言之道在适，不在多，言多必失。

三国名士杨修，出身名门，才华横溢，聪慧，有巧思，本应仕途显达，却因不知分寸、喋喋多言而枉送了性命。

当时，刘备在汉中，曹操出兵讨伐刘备，兵至斜谷界口，受困不能行，进退两难。

作为主帅，曹操为此很是烦扰，吃饭的时候，就有些心不在焉。这时，夏侯惇入帐，请问夜间营内以何为暗号，曹操看着餐盘中的鸡，想到现在自身的处境，便随口说了句："鸡肋。"

暗号传下后，随军的杨修立即命令部下收拾行装，准备拔营。

这一异样的举动引起了夏侯惇的注意，询问原因，杨修说："从大王今夜给出的口令来看，不久之后，必会有班师回朝的命令传来。鸡肋，食之无味，弃之可惜。如今，进，大军无法得胜，退，半途而废，怕是会被人耻笑，进退均无益，大王肯定会下令归国，所以，我先把行李收拾出来，免得到时候手忙脚乱。"

夏侯惇闻言，觉得颇为有理，也回去收拾行装。曹操闻讯，勃然大怒，以造谣生事、惑乱军心的罪名将杨修斩首示众。

大智者，知而不言；小巧者，知而多言；无知者，不知而多言；看破不说破，才是会说话、懂世故的人最明智的选择。

杨修之死，三分在曹操生性多疑猜忌，七分则在他自己喋喋不休，不懂言多必失的道理。

人们不是常说，多说多错，少说少错，不说不错吗？这话，虽然有些片面，但细细想来，还是很有几分道理的。

言传心声，说得多了，不知不觉流露出的各种"信息"也就多了，说不准，一句你自己都不怎么注意的无心之言，一些你觉得无所谓、甚至值得夸耀的事情，就会引起别人的反感；一些你觉得无足轻重、完全可以大方说出来的事情，就会暴露你的人品。即便没有，别人也能从你无休止的话语中，发现几分你的弱点与痛点，说得越多，显露得越多，应景的时候，就可能成为攻击你、挑剔你、嫌弃你的理由与利器。

萍萍经人介绍，认识了男孩李东。

李东帅气阳光、谈吐不俗，为人也热情真诚，萍萍情不自禁地就爱上了他。

起初，两个人相处得还不错，但是，相处的时间久了，慢慢熟悉了，萍萍在李东面前就颇有些知无不言、言无不尽的架势，似乎只有把自己的一切都剥开了、揉碎了全都告诉给他，才算是真的爱他。

一次，两个人去电影院看一部爱情悲剧电影，萍萍哭得稀里哗啦的，还向李东发誓，自己肯定不会像剧中的女主角那样"背叛"自己的爱人。甚至，为了向李东剖白自己的"忠贞"，她连自己交过几个男朋友，都是谁，交往中的种种细节都一一说了出来，说到最后，还把这些前男友分别批判了一顿，这个没有李东帅，那个没有李东体贴，这个小气吧啦、不如李东大方，那个刻板严肃，不如李东诙谐幽默。

滔滔不绝的她却没发现，李东的眉头已经越皱越深，脸色也越来越难看。

那之后，没过多久，李东就委婉地向萍萍提出了分手。

人若不自曝其短，他人岂能迅速知其短？就像故事中的萍萍，喋喋不休，不知收敛，不懂分寸，咎由自取，怨得谁来？

另外，亲爱的，除了这些，你还得知道：人与人之间的沟通，其实，很多时候，都像是一场拉锯，此消彼长。同样的时间当量下，你说得时间长了，话多了，别人说话的时间就短了，说的就少了，表达自己看法与情感的机会也就少了。如是，若你喋喋不休，谁会喜欢你？

身为央视一姐，名嘴中的名嘴，董卿的能说会道众所周知，但是，无论台上台下，她说话其实都并不多，绝大多数时候，她都是在充当"引子"的角色，引导别人多说。

　　《朗读者》第二季，采访清华大学副校长薛其坤，董卿以"初心"简单切入话题后，就安静地做起了聆听者，只恰如其分地偶尔插上两句，比如，薛校长说起自己早年求学的经历，董卿就引了一句："1992年，您是去仙台的东北大学研究所读的博，那应该是您人生中非常艰苦的一段时光。"

　　话题自然而然地就被转移到了日本求学的话题上，薛其坤满怀感慨、侃侃而谈，谈了许多，谈了一个中国留学生身在异国的种种不便，说到了生活的拮据，说到了同学，说到了那个最不待见自己的导师。

　　这时，董卿又附和地点了点头，接了一句："那段时间特别难熬，可能也是因为您那段时间的导师非常严厉，那位老师，是樱井利夫。"话题到此，又是一折，薛校长说起了他的导师，讲到了导师对自己态度的转变，讲到了转变的原因，进而又谈起了自己取得的一些成就，滔滔不绝。

　　而董卿，虽然没怎么说话，却很好地把控了场上的节奏，让整场访谈显得格外融洽。

　　研究表明，一个人，注意力集中的时间其实是有限的，如果你不能在这有限的时间里以高精炼度的语言将自己想要传达的信息准确地传达出去，那么，沟通的结果肯定会大打折扣。

　　言之道，在适，不在多，言多必失。被夹杂在滔滔废话、口水话中的信息与观点，哪怕再重要、再精辟、再独到，也难以逃脱被轻视，甚至被忽略的厄运。因为，没谁有耐心将一篇口水话从头认真听到尾。

越重要的话，越简洁

蛙鸣一夜聒噪，鸡啼三声醒人。

没有赘肉的女子，苗条、匀称、健美；没有赘肉的语言，精准、简洁、有力。

每一次与董卿相遇，听她娓娓道来，都能深刻体味到这种没有任何赘余的简洁之美。

谈到与程前无果的爱情，谈到恋爱的青涩懵懂，她说："再浪漫的爱情，不能相濡以沫，相伴到老，也是遗憾的。"

谈到孩子的教育问题，她说："你想让孩子成为什么样的人，你就得做什么样的人。"

聊到艺术，聊到生活，她说："生活是葡萄，艺术是葡萄酒。"

聊到读书，聊到阅读，她说："不读书就像没有吃饱饭，精神上是饥饿的。"

说起停薪留职、毅然赴美的"任性"，她说："有些时间，学会离开是自己选择了更宽阔的未来。"

简洁的话语，就像淑女得体的裙装，优雅有力；冗长无味的话语，就像老太太的裹脚布，又臭又长。

或许，有的时候，滔滔不绝的确能彰显你的口才，但是，更多的时候，滔滔不绝却是不知所云、低效率、无重点的代名词。

在时间就是效率的今天，浪费别人的时间，说些不着边际的废话，真的蛮让人厌恶的。

周一上午，霍妍刚刚开完研讨会，回到办公室，小爱就红着眼睛走进了她的办公室。

"经理，你知道吗，我小的时候，爸爸妈妈工作忙，就把我放在外婆家，外婆对我可好了，自己舍不得吃舍不得穿，把钱都攒下来，给我买好吃的，好玩的，我的'百宝箱'里现在还藏着外婆给我买的小布偶……"

一进门，小爱就泪眼汪汪地说了一大堆，霍妍却有些不明所以，不得不打断她："STOP！你想说什么？"

被打断了，小爱似乎有些委屈，抽了抽鼻子，继续说："经理，我虽然是实习生，但是工作一直兢兢业业的，从来没请过假，就连学校组织照毕业照，我都没去，同学们到现在都在埋怨我……"

"STOP！STOP！李小爱，你找我到底有什么事？"霍妍眉头皱成了川字，有些不耐烦了。她还有很多工作没做，很多文件没看，哪里有时间给下属做"知心姐姐"？

闻言，小爱瘪了瘪嘴，轻声说："我外婆病了，我想请假回去看看她老人家。"

"My god！"霍妍扶额，"你为什么不直说？浪费我这么多时间。"

是啊，为什么不直说呢？直奔主题、表明目的不就好了？啰啰嗦嗦说一些无用，哦，不，或许也不能说是无用，而是作铺垫的话，真的有意义吗？

做事追求效率，沟通也追求效率，不是所有的人都有耐心、有时间、有精力、有心情和你弯弯绕、捉迷藏。女人天性中的委婉含蓄，可不是这么用的。所以，亲爱的，说话嘛，还是言简意赅比较好。

1991 年，百花奖在京举行颁奖礼，电影《焦裕禄》的主演李雪健凭精湛的演技摘得"最佳男主角"的桂冠。在致谢辞的时候，李雪健说："苦和累都让一个好人——焦裕禄受了；名和利都让一个傻小子——李雪健得了。"寥寥数语，简明扼要，既赞美了焦裕禄的奉献精神和崇高品质，也表现了自己的谦虚有礼，一举两得，话音刚落，便赢得了一片热烈的掌声。

同样深谙简洁之道的，还有邹韬奋。

上海各界举行大会公祭鲁迅先生，邹韬奋应邀做演讲，他没多说，只说了一句话，却让人铭记多年。他说："今天天色不早，我愿用一句话纪念先生，许多人是不战而屈，鲁迅先生是战而不屈。"

从某种程度上来说，语言的简洁程度，代表的是人认知与思维的广度、阔度及深度。话不在多，而在分量，在力度，在情感。

所有会说话的聪明女人都懂得，越是重要的话，越要简洁地说。

那么，如何做才能把话说得简洁呢？

首先，要紧扣主题，突出重点。和主题无关的话，如非必要，不要提及。分清事情的主次顺序，重点要着重指出，非重点一带而过便好。

其次，要逻辑清晰，有条不紊。在开口表达之前，不妨先花上一两分钟打个腹稿，再按照顺序，比如第一、第二、第三、第四，首先、其次、再次、然后、最后，一一进行表达。

再次，尽量减少口头语出现的频率，能不说，就不要说。嗯、啊、哼、呢这样的语气助词，用一两次无伤大雅，用多了，没必要。

最后，删繁就简，能省略的内容尽量省略，不要用一些华而不实的修辞，避免用专业性太强的词汇，避免佶屈聱牙的词汇，等等。

说话留三分余地

人生如尺，言谈两限，智商决定了言的下限，情商则界定着言的上限。

所谓会说话，无外便是情商高；所谓情商高，不过是给自己、给别人多留了三分余地。

央视一姐董卿，在很多人眼中，已活成了一个知性优雅的符号，她的温婉大气，润物无声，感染了许多许多的人。

或许是因为在生命最灿烂的年华，见多了父亲不留余地的严厉，不愿再重复，所以，她的身上，总有一种海一般的气质，似乎能包容一切。这种包容，不仅体现在行动上，还体现在言语上。

元日凌晨，从春晚的红火中谢幕，一个人默默地走在空旷的走廊里，她也曾怨过无人陪伴，但却从未说过"刚才那么好，现在那么黑，那么冷，我不过了"。

被批评、被攻击、被诋毁、被造谣、被指责是刘谦的御用托儿，她也曾恨得发狂，但即便是最激愤的时候，她也没说过任何决绝的话，而是幽默地回击着、优雅地反驳着，给自己，给别人都留下了转身的可能。

面对亲朋好友的请托、求助，她说得最多的是"我尽量试试看"；领导同事征询意见，她的话里最多的是"应该是这样""可能这样更好一些"，而不是"肯定""绝对"。

一个杯子，装满了水，便再也容不下任何一滴水；一只气球，充满了气，多充一丝，便会炸裂；话说得太绝、太满，就失去了容错的可能，一旦有意外出现，别说从容转身，似乎，连腾挪都成了奢望。

所以，女人们，开口的时候，请务必留三分余地，别太绝对，也别太绝情。

沙沙老同学吉利的妈妈病了，想要到二医院住院治疗，但医院床位实在是太紧张了，没办法，吉利只好来求在二医院急诊科当护士的沙沙帮忙。

"没问题，放心吧，我和领导关系可熟了，肯定帮你安排个床位。"沙沙拍着胸脯向吉利保证。

吉利很高兴，对沙沙连番致谢。

可是，一周过去了，两周过去了，沙沙承诺的"床位"还是没有踪影，病情不等人，吉利有些着急，连声追问下，沙沙才支支吾吾地说了实话："这个事不好办，我以为领导肯定会答应的，没想到……"

沙沙的话，让吉利气恼不已。

"你要是办不到，早说啊，我去找别人帮忙，现在算什么？"吉利抱怨，语气有些差。

"我也没办法啊，你这么凶干什么，我又没收你钱，免费帮忙的。"沙沙争辩道。

两人情绪都不是太好，一来二去，话赶话，就吵了起来，而且，越吵越激烈。

吵到最后，沙沙脱口就说了一句："那我们绝交好了，我再也没有你这个朋友！"

这话，让吉利很是愣怔了一下，但随后，她就咬牙："绝交就绝交！"

两人不欢而散。

大概过了半年，沙沙遇到了麻烦，能帮她解决麻烦的最合适人选就是在派出所上班的吉利，只是，两人关系闹到这种地步，沙沙怎么都开不了口求吉利，只好自己默默吞下了苦果。

没有谁是生活在割裂的孤岛上，各种各样的圈子交杂构成了社会的常态，哪个人能说自己就永远永远都用不到另一个人，就能和他/她彻底的无交集，意外总是无处不在。只为一时的痛快、一时的不审慎，就把自己逼入退无可退的境地，何苦来哉？

说三分，留七分，将不必说、不该说的话通通都剔除掉，实际上正是一种态度与修养的体现。

不把自己的观点强加给别人

如果不想被别人拉进社交的黑名单，请保持适当的距离，保守适当的分寸，不要一厢情愿地把自己的观点强加给别人。

一次，做客一档访谈节目，被问及沟通的秘诀时，董卿说了很多，第一点就是"不强求别人认同自己的观点"。

事实上，这么多年，她也的确是这样做的。

她喜欢睡前安安静静地读一个小时的书，认为这是一件极为有益的事情，却并不觉得，所有人都该和她一样。

她懂得生活与工作该平衡，她认为，生活可以暂停，一切可以归零，她不喜欢乱七八糟的爵士乐、不喜欢浓妆艳抹，却从没说过你该去听莫扎特，该去化淡妆，该如何如何。

各人有各人的生活，各人有各人的想法，各人有各人的情感，即便这不同的生活总会被形形色色的圈子串联，但无论是谁，也没有权利去指摘别人的生活。

在《齐物论》中，庄子这样说："夫随其成心而师之，谁独且无师乎？奚必知代而心自取者有之？"

在论是非之前，人的心中其实已经有了对错；不同的人有不同的衡量标准，见解千万，意见纷纭，思想迥异，莫衷一是。如此，又何必非要求同，又何必非要强求别人以我们的对错为标准？

《奇葩说》中，曾有过这样一道辩题："若有一项新技术，能让全人类大脑的知识一秒共享，你支持还是反对？"

一位持反对意见的辩手这样辩驳，他说："如果你爷爷没有泡茶，而是用天文望远镜观察宇宙；你奶奶没有做饭，却在观察显微镜下的细胞，你会觉得生活全部都乱了套。"

这，是典型的一种认知强加。

为什么爷爷就该百无聊赖地泡茶，奶奶就该忙忙碌碌地看孙子、做饭？如果不，就是乱了套，不正常？

因为，我们觉得是这样的，因为我们认为泡茶、做饭才是爷爷辈、奶奶辈该做的事情。研究宇宙、观察细胞，那都该是年轻人干的，就像广场舞一直被认为是大妈们的娱乐。

但其实，哪有那么多该不该？"该"也好，"不该"也好，所有的前缀都不过是"你觉得"，而你，从来不是上帝。

所以，现场，蔡康永回怼了这位辩手一句："我们为什么会自私到，让老人家活在不同层次。老人们可能在70年当中有50年都是照着别人的意思扮演他该扮演的角色，剩下的20年，他或许可以试着不一定按照被指派的身份来生活。"从而赢得了全场赞誉。

人生是自己的，思维是独立的，谁也没有权利用自己的编辑器去设定别人的生活，固定别人的想法，因为，那本就是一种冒犯。

年关将近，爆竹声中一岁将除，刚刚从上海回到老家的尤丽丽却正一脸尴尬地坐在沙发上接受七大姑八大姨的"审问"。

"丽丽，今年多大了？"

"28"。

"有男朋友了吗？"

"还没有。"

"哎呀，这可不行啊，都28了，还在外面瞎折腾什么，女人啊，结婚生孩子才是正经，其他的都是虚的。等你大了，被挑剩下了，就丢脸丢大发了。"三姑苦口婆心。

尤丽丽皱着眉，不知道该反驳呢，还是不该反驳。

好在，话题被五舅转移了。

"丽丽，听说你又换工作了？"

"是啊，外资企业规矩太多，我懒散惯了，受不了，跳槽了。现在自己运营公众号，顺便给杂志社撰稿。"

"哎，你这傻孩子，这不是不务正业嘛。指着那点儿稿费，喝西北风都不够。要我说，你就该回家来，考个公务员，铁饭碗，工作清闲，待遇好，离家近，收入还稳定，不比你在外面漂着强？"五舅语重心长。

瞬间，尤丽丽觉得自己要炸了。

不问兴趣、不问具体、不问性格、不问环境、不问其他，只凭着自己的经验、好恶、观念就为人，为事定性、赋值，早就成了许多人的习惯，美其名曰为你好，实际上不过是一种强迫性质的观点附加，是一种不顾他人感受、想法的情感、道德、情绪绑架。

己所不欲，勿施于人，己所欲，也勿施于人。彼此尊重，彼此体谅，不把自己的观点强加给对方，才是最长久的相处之道。

有一种尊重，叫等人把话说完

别轻易打断别人，等人把话说完，多简单的要求啊，但很多人都做不到。

晏苏是个大大咧咧的女孩，开朗，大方，带着几分小天真，她刚进剧组的时候，大家都很喜欢她，但是，接触一段时间后，很多人都选择了疏远她。

这倒不是说晏苏的人品有问题，事实上，小姑娘是个热心肠，之所以遭"冷遇"，是因为她有一个很不好的习惯：喜欢插话，总是不分场合、不分环境、随便打断别人。

剧组到昆明去拍外景，正是暖冬时节，滇池上空红嘴鸥翔飞，非常壮观，剧务蓝姐就兴致勃勃地给大家讲起了红嘴鸥的故乡和到昆明越冬的原因："这些红嘴鸥，全都来自遥远的西伯利亚，每年11月份……"蓝姐话没说完，晏苏就打断了她："我知道，我知道，每年11月份，都会有上万只红嘴鸥聚集,这些红嘴鸥,有的独自飞翔,有的带着宝宝,有的喜欢晒太阳,有的……"

就这样，晏苏自己巴拉巴拉说了一大顿，蓝姐也只是皱皱眉，没说什么。

大家继续一起聊天，剧组嘛，少不得谈论明星，谈论电视剧，蓝姐是圈子里的老人了，资源多，人脉广，知道的也多，就和大家分享了一个小八卦：某位以玉女形象示人的女星其实已经结婚三年了。"我见过她老公，很有涵养的一个人，牛津毕业，现在在美国的一家投行上班，我……"说到这儿，还没等蓝姐继续，晏苏插话："不对，不对，蓝姐，我看过新闻，XX真没结婚，她的绯闻对象是……"蓝姐笑笑，没接茬。只是，从那之后，她就很少和晏苏一起聊天了。

日常生活与工作中，许多人之所以腹怀锦绣、能言善辩却依旧打不开社交的困局，就是因为她们忽略了人最基本的交际需求，忽略了对人最基本的尊重——听人把话说完。

谁也不是每时每刻都火急火燎，难道你我她／他，我们已浮躁成这般？听人把话说完能花费多少时间？

扪心自问，若是你正兴致勃勃地说着话，别人突然不知分寸地过来各种花式打断，你心里会怎么想？你会不会不开心？会不会觉得这人实在是没有礼貌、没有教养？

你如是，别人呢？

沟通从来都不是一个人的独角戏，没有单方面的倾听，也不存在单方面的倾诉，你来我往才是打开交际大门的最正确模式，然而，这种你来我往总得是"你方唱罢我登场"式的，而不应该是"你插话来我打断"。

打断别人，真的是件极不礼貌的事情，所以，亲爱的，无论何时，无论何地，无论面对何人，请让他 / 她把话说完。

《朗读者》有一期，邀请了著名作家毕飞宇。

节目录制前，导演组与毕飞宇做了沟通，告诉他，朗读前，他和董卿的聊天时间是 8 分钟。

只是那天，毕飞宇的心潮有些澎湃，说了很多，等他意识到时间可能有些超了的时候，才发现，已经过去了一个多小时。

这期间，董卿并没有打断他，任他真情流露。

事实上，那个时候的毕飞宇，的确是不太适合打断的，他太动情了，或许，这也是作家感性的一面所在吧。

事后，毕飞宇说："我非常感谢董卿。"

为什么感谢呢？因为她给了她的嘉宾最基本也最难得的尊重。

别轻易打断别人，哪怕她 / 他只是按部就班；等别人把话说完，哪怕她 / 他的话冗长得让你有些不耐烦。

事实上，真正有着"话痨"属性的人并不多，绝大多数人都懂得适可而止，即便她 / 他不懂，我们也无须用自己的修养去搏一场厌烦。不爱听，不赞同，不应声就是，难道，还能有人自说自话一天一夜没个完？

茫茫无边的人际丛林，我们总会邂逅各种各样的人，有的讨喜，有的不讨喜，有的说话让人厌恶，有的说话让人喜欢，有的胡言乱语、不着边际，有的脑洞飞天、奇葩古怪，但无论别人如何，无论喜或不喜，我们都不能以此为理由打断别人的话，甚至，在别人没说完的时候妄下定义，如果做了，就是我们的失礼。

别说不需要他／她把话说完，我就全都能懂，亲爱的，你得相信，这个世界上，有太多的出其不意，也许是惊喜，也许是感动，也许是其他，总之，它和你自以为全对的理解，完全不一样。

白洁是个单身妈妈，一个人含辛茹苦地把儿子包包拉扯大，吃了多少苦，受了多少罪，流了多少泪，也就只有她自己知道。不过，让白洁欣慰的是，5岁的包包很懂事，也很体贴妈妈。

这天下班回家，白洁买了五个雪花梨，洗好后，递给儿子一个，自己也拿了一个。没想到儿子却摇头，非要白洁手上那一个，白洁也没在意，只是心里多少有些不高兴。

要过白洁手里的梨后，包包轻轻咬了一口，然后放下。再拿起自己的梨，咬一口，放下。接着拿起第三个，咬一口，放下……短短一分钟，他把五个梨全都咬了个遍。然后，他把其中个头儿最小的一个梨推给白洁："妈妈，你吃，这个……"

包包的话还没说完，白洁就爆发了，她觉得儿子这是占有欲太强，太自私，不懂得分享，也不懂谦让，这样不行，于是巴拉巴拉把他训了一顿。

等她训完，包包小心翼翼地看着她，又推了推那个梨："妈妈，你吃，这个最甜。"

白洁瞬间就愣了，然后，泪流满面。

未说完的话，就像是被迷雾笼罩的前路，不曾走过，谁能知道迷雾背后是荆棘遍布，还是鲜花盈野？

会说话是本事，听人说是修养。等人把话说完，是彼此的相互成全。